BRIDGESTONE
1st
FedEx
Marlboro

MENSCH

MICHAEL SCHUMACHER • SIEGE • MYTHEN • REKORDE

SCHUMI

FERDI KRÄLING
BODO KRÄLING
ELMAR BRÜMMER

DEL S KLASING VERLAG

»RENNFAHREN IST KEINE MUTPROBE UND IST KEIN KRAFTAKT. MAN MUSS DAS GEFÜHL DAFÜR HABEN, OB DAS AUTO

EINE SITUATION BEWÄLTIGEN KANN ODER NICHT. ES LIEGT DANN AN EINEM SELBST, RICHTIG IN DIE KURVE ZU FAHREN.«

MICHAEL SCHUMACHER

15 JAHRE LANG HAT MICHAEL SCHUMACHER DEN FRONTMANN DER

AUF BEUTEZUG

FORMEL 1 GEGEBEN. DIE ROLLE DES GEJAGTEN IST ALLTAG FÜR IHN GEWORDEN. EBENSO WOHL FÜHLTE ER SICH JEDOCH ALS JÄGER.

GANZ SCHÖN SCHRÄG

RENNEN FAHREN IST REINE GEFÜHLSSACHE, UND DAS RICHTIGE GESPÜR DAFÜR BEKOMMT MAN NUR IM KART. IMMER NOCH

VERBRINGT MICHAEL SCHUMACHER JEDE FREIE MINUTE MIT SEINER ALTEN LIEBE.

DIE MEISTEN SEINER 250 FORMEL-1-RENNEN ERLEBTE MICHAEL SCHUMACHER

SOLO-PARTIE

RELATIV EINSAM AN DER SPITZE LIEGEND. AUCH IN SEINEM LETZTEN RENNJAHR HAT ER DIE SIEGERSTRASSE NICHT VERLASSEN.

SCHNELL EROBERT SICH DER FORMEL-1-NEULING EINEN PLATZ IM KREISE DER GROSSEN.

IN BESSEREN KREISEN

NIGEL MANSELL UND AYRTON SENNA BLEIBT NICHTS ANDERES ÜBRIG, ALS IHRE WACHABLÖSUNG STANDESGEMÄSS ZU BEGIESSEN.

IN DIE QUERE GEKOMMEN

DIE FORMEL 1 IST AUCH EIN KONTAKT-SPORT, NICHT SELTEN KOMMEN SICH DIE IDEALLINIEN IN DIE QUERE.

MICHAEL SCHUMACHER HAT SEINE POSITION STETS BIS ZUM LETZTEN VERTEIDIGT, KONFRONTATIONEN BLIEBEN DA NICHT AUS.

EIN BILD, DAS EINEN BLEIBENDEN EINDRUCK HINTERLÄSST: MICHAEL

ALLE NASS GEMACHT

SCHUMACHER, WIE IHN DIE MEISTEN KENNEN – MIT EINER FÜR IHN GANZ TYPISCHEN HANDBEWEGUNG. DIE PODIUMSZEREMONIEN HAT ER IMMER AUCH ZU EINER SIEGERDUSCHE FÜR SEINE MECHANIKERMANNSCHAFT GEMACHT. HINTERHER GING'S BEIM BIER WEITER.

DER SELBST-BEHERRSCHTE

AUS DER FORMEL 1 HAT ER DIE FORMEL SCHUMI GEMACHT. MICHAEL SCHUMACHER HAT ALLES GEWONNEN, WAS MAN GEWINNEN KANN. VOR ALLEM HAT ER SICH SELBST DABEI NICHT VERLOREN.

Was für eine Vorstellung: Formel 1 ohne Michael Schumacher. Das ist wie Tennis ohne Boris Becker, nicht nur für uns Deutsche. Es ist sogar mehr, denn Schumi hat uns länger begleitet, intensiver. Er hat unsere Sonntage rund gemacht. Damit ist nach 250 Rennen jetzt Schluss. Es wird dauern, bis einer den Jahrtausend-Weltmeister entthront. Die Dimension Schumacher wird noch wachsen, es erst richtig deutlich werden, dass er viel mehr als nur schnelle Rennwagen bewegt hat. Zu Hochzeiten seiner rasenden Karriere trugen die ABC-Schützen in Baden-Württemberg auf dem Schulweg rote Kappen, von Amts wegen. Es sollte ihnen mehr Aufmerksamkeit im Verkehr bringen.

Das Klischee, dass Motorsportler bloß unvernünftige Raser sind, hat er entzaubert. Viele andere hat er erst geprägt, durch seinen Charakter und seine Fahrweise. Beides entspricht zwar dem italienischen *al dente*, also mit viel Biss, wurde aber weltweit als deutsche Tugend ausgelegt: zielstrebig, pedantisch, bisweilen rücksichtslos. Dabei hat er einfach nur das Recht des Schnelleren für sich in Anspruch genommen. Und rechtzeitig genug aufgehört, um nicht dauerhaft überholt zu werden. Nicht nur seiner Corinna ist die Perfektion manchmal unheimlich erschienen.

Michael Schumacher, das bedingt seine Erziehung und sein Werdegang, ist besessen davon, keinen Fehler zu machen. Die wenigen, die er machte, wogen umso schwerer. Am schwersten aber fällt es ihm, Fehler zuzugeben. Er kann nicht nachgeben, weder auf noch neben der Strecke, wovon auch Bruder Ralf ein Lied singen kann. Ansichtssache, ihm das als Charakterstärke oder -schwäche auszulegen.

Um zu erkennen, was der Mann wert ist, der am Genfer See residiert, reicht nicht die kolportierte Fahrergage von 40 Millionen Dollar. Allein die Mega-Stars anderer Disziplinen taugen zum Vergleich: Tiger Woods, Michael Jordan, Muhammad Ali, Pelé, Björn Borg – also alle jene, die ihre Sportarten neu definiert haben. »Ich bin keine Legende«, wehrt der Dauer-Rekordhalter der Formel 1 ab, »ich bin nur jemand, der das Glück hat, in etwas gut zu sein, das ihm Spaß macht.«

Schumachers Art ist, vom öffentlichen Standpunkt her gesehen, eigentlich eine Unart. Offensiv bis zur Schmerzgrenze im Cockpit, verschlossen von dem Moment an, in dem er dem Rennauto entsteigt. Sein vielleicht einzig unerfüllter Traum ist der, »unsichtbar sein zu können«. Diese Schüchternheit führt dazu, dass er stets

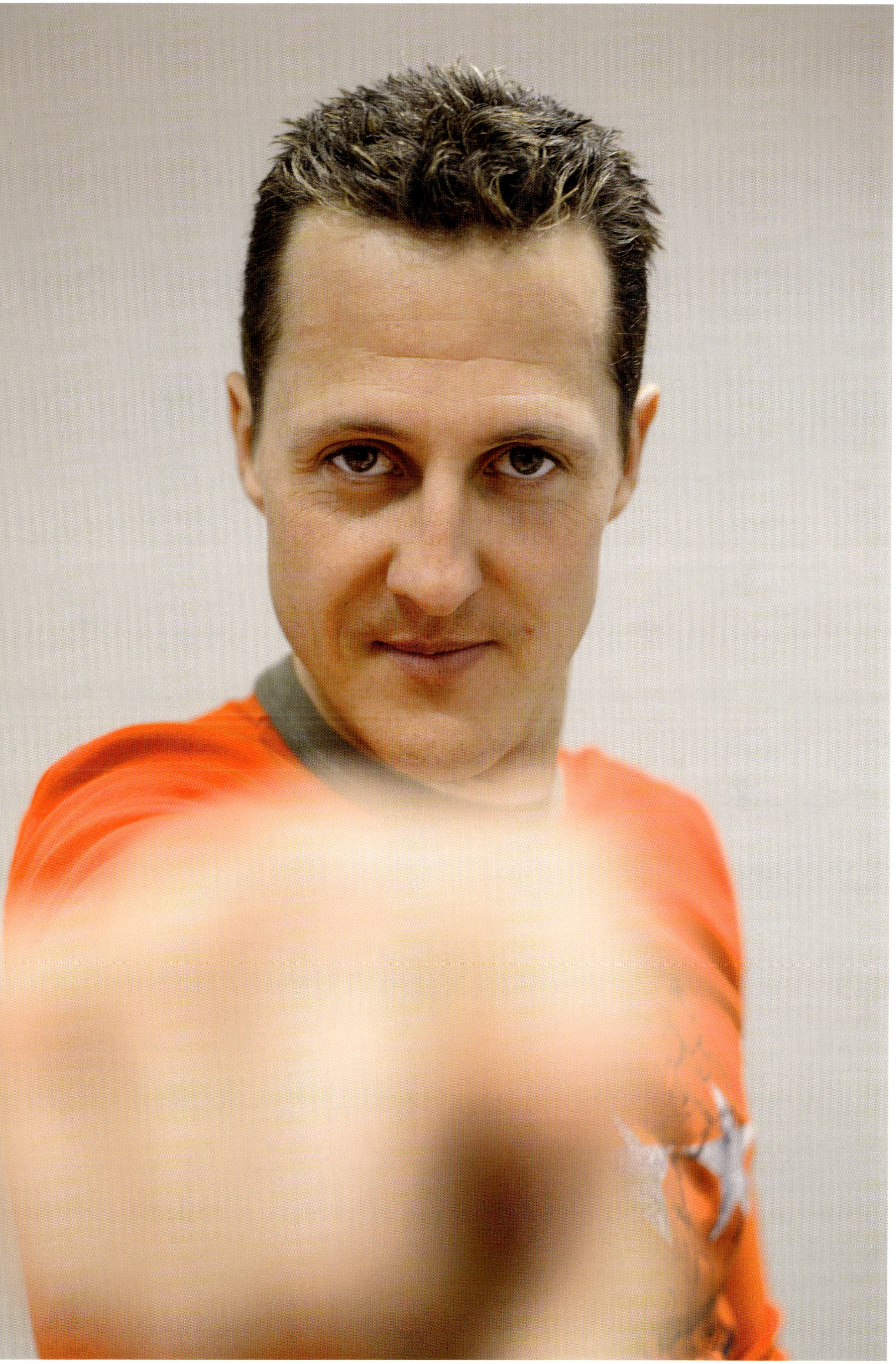

Marlboro
Marlboro
Marlboro
Marlboro
belt
PULL
PULL

…geben von einer Kohlefaserhülle
…d feuerfester Wäsche entfaltet
…chael Schumacher sein ganzes
…ent. Die Persönlichkeit hinter
…m Rennfahrer bleibt hingegen
…ufig im Verborgenen.

mehr geachtet als geliebt wurde. Vom Typus her eher Klinsmann als Beckenbauer. Aber erfolgreicher als beide zusammen.

Was Schumacher ausmacht, ist neben der Beherrschung des Fahrzeugs auch seine Kompetenz in allen anderen Bereichen. So hat er den Beruf des Rennfahrers neu entworfen: analytischer, fitter, komplexer. Vor allem war der Schuminator ein Motivator für seinen Rennstall. Immer das vorlebend, was er von anderen erwartet. Dabei konnten längst nicht alle seinem Ehrgeiz folgen. Fordern ist sein Alltag, herauszufordern bis zur Rücksichtslosigkeit gegen sich selbst. Seine einmalige Karriere, die ihn aus der Kfz-Werkstatt in den Olymp des Sports katapultiert hat, war insgesamt weder Zufall noch Schicksal. Sie basiert auf seinem inneren Antrieb, immer um alles zu kämpfen.

Der Schuminator ist hauptsächlich ein Motivator für die ganze Mannschaft

Die Konsequenz ist derjenige seiner Wesenszüge, der am ausgeprägtesten scheint. Michael Schumacher hat darüber ganz einfach seine Perfektion zur Leidenschaft erklärt: »Es liegt vielmehr an deinem eigenen Können, das Gefühl zu bekommen, wo der Grenzbereich liegt.« Das ist bei ihm kein Hang, sondern eher ein Drang. Selbst in Diensten des Ferrari-Rennstalls, den er zur Jahrtausendwende nach 21 Jahren ohne Titel erlöst hatte, pflegt er eine Art preußisches *dolce vita*.

Dass einem zum Abschied so viele dramatische und umstrittene Momente einfallen, hat auch damit zu tun, dass man sich so sehr an seine vielen Erfolge gewöhnt hat. Und dass er alles in seiner unglaublich langen Sportlerkarriere auf Siegniveau mit einer scheinbaren Leichtigkeit erreichen konnte. Da muss man doch einfach – typisch deutsch – warnende Ausrufezeichen setzen! Dabei gilt es vielmehr auch dem enormen geistigen Tempo zu huldigen. Vielleicht hat das auch verhindert, dass ihm außer einem doppelten Beinbruch 1999 nicht mehr passiert ist in diesem Risikoberuf. Dem ist Michael Schumacher stets mit Dankbarkeit begegnet: Kein anderer Rennfahrer hat sich auch so stark gemacht für die Verbesserung der Sicherheit wie er, aus dem Trauma heraus, dass er beim Tod von Ayrton Senna 1994 direkt hinter dem Idol auf der Piste fuhr.

Ein Weltmeister der Herzen konnte er – jedenfalls bis zu seinem Rücktritt – nicht werden, dazu ist er zu sehr vom Verstand gesteuert. Nicht, dass er so gefühllos wäre, wie es das gern bemühte Vorurteil von der »Maschine Schumacher« weismachen will. Aber in seinem Jahr um Jahr gewachsenen Wissen um die Fein- und Gemeinheiten der Formel 1 hat sich sein Misstrauen verdichtet. Befreit von schützender Kohlefaserhülle und feuerfestem Rennanzug, ist er immer noch so verletzlich wie als Knirps im Kart in der Kiesgrube von Kerpen.

Ein Fachblatt hat tatsächlich mal sein Kinn analysieren lassen, und der Deuter erkannte doch – nicht völlig überraschend – eine »absolute Willensstärke«. Die Ecken und Kanten, die Michael Schumacher prägen, beschränken sich nicht nur auf die Gesichtszüge. Es war oft übermenschlich, was die Autofahrernation Deutschland von ihrem Schnellsten verlangte: Alle in Grund und Boden fahren, aber immer der nette Junge von nebenan zu bleiben. Zwischen diesen Polen hat er sich gekonnt bewegt. Erst die Widersprüchlichkeiten machen einen Mythos komplett. Den Respekt dafür kann ihm sowieso niemand absprechen.

Er soll immer alle in Grund und Boden fahren, aber trotzdem der nette Junge von nebenan sein

Michael Schumacher wollte nie untypisch sein, also immer typisch Schumi bleiben. Das ist die Konsequenz, mit der er lebt, mit der er siegt, mit der er immer gut gefahren ist. Nicht irgendeine Ideallinie. Seine.

7 SEINE LIEBLINGS-BESCHÄFTIGUNGEN

KINDER
KNUTSCHEN
FUSSBALL
KART FAHREN
REITEN
FITNESS
HARLEY FAHREN

ZIELEINLAUF

ABSCHIED

DIE LETZTE SAISON EMPFINDET MICHAEL SCHUMACHER WIE EINEN SCHNELLDURCHLAUF SEINER KARRIERE – MIT ALLEN HÖHEN UND TIEFEN.

ALLE ACHT-UNG

GANZ KNAPP VOR DEM ACHTEN TITELGEWINN MACHT DIE TECHNIK EINEN STRICH DURCH DIE SCHÖNE RECHNUNG.

Die Abschiedsvorstellung gibt Michael Schumacher mit einem vierten Platz beim Großen Preis von Brasilien. Er muss Fernando Alonso nach einem großen Duell über die ganze Saison hinweg doch den Weltmeistertitel überlassen, der ihm im vorletzten Rennen schon so greifbar nahe war. Aber als es drauf ankommt, wird der Mensch von der Maschine gleich mehrfach im Stich gelassen, ein großartiges Comeback nicht mehr durch den achten WM-Sieg gekrönt. Trotzdem gerät die letzte Formel-1-Saison von Michael Schumacher zu einem persönlichen Erfolg. Er hat noch einmal über sich gesiegt, über alle Vorurteile – und er tritt ab, ohne zu einem Auslaufmodell geworden zu sein. Nicht viele große Rennfahrer schaffen es, im richtigen Moment den Schlusspunkt zu setzten. Bei Michael Schumacher ist es ein Ausrufezeichen. Mindestens eins.

Schuberth
Schuberth
PIAGGIO
AERO

ICH BIN EINS MIT MIR

AUF DEM WEG ZU EINEM GROSSEN COMEBACK HAT MICHAEL SCHUMACHER SEINEN EHRGEIZ NOCHMAL EIN STÜCK WEITER RICHTUN

GRENZBEREICH GETRIEBEN. ER WOLLTE SICH UND ALLER WELT BEWEISEN, DASS ER AUF DER HÖHE SEINER MACHT ABTRITT.

DAS DUELL DER GENERATIONEN ZWISCHEN MICHAEL SCHUMACHER UND FERNANDO ALONSO WURDE DURCH

RESPEKT UND BEDINGUNGSLOSEN KAMPF GEPRÄGT. DIE BEIDEN KAMEN SICH HÄUFIG GANZ NAH, ZUMINDEST AUF DER PISTE.

IM ROTEN BEREICH

vodafone
AND PRIX
UROPE
NÜRBURGRING 2006
Formula 1
BRIDGESTONE
OMP
M.Schumacher
MUMM
CHAMPAGNE
MUMM

ZIEL-STREBIG

AUCH BEIM OBLIGATORISCHEN JUBELSPRUNG NACH DER ZIELFLAGGE HAT SCHUMACHER MASSSTÄBE GESETZT.

DER LETZTE KREISVERKEHR

MICHAEL SCHUMACHER VERLÄSST DIE FORMEL 1 ALS GEWINNER – TROTZ DER NIEDERLAGE IM GRANDIOSEN RENNEN UM DEN ACHTEN TITEL.

Von ganzem Herzen – noch einmal haben Michael Schumacher und Jean Todt alles auf Erfolg programmiert. Allein, am Ende lag es nicht in ihren Händen.

In jenem Moment in der 37. Runde des Großen Preises von Japan, in dem der Ferrari-Motor im Heck des Rennwagens von Michael Schumacher sein Leben in einer weißen Rauchwolke aushaucht, verlässt auch den inneren Antrieb des bis dahin im vorletzten Rennen und in der Weltmeisterschaft führenden Piloten die Kraft. Eine Schicksalsrunde, die das Titelrennen vorzeitig entscheidet. Die unglaubliche Energieleistung seines späten Comebacks, die zum Greifen nahe Krönung seiner Karriere – verpufft durch einen Motorschaden, wie er ihn im Ferrari seit sechs Jahren nicht mehr erleiden musste.

Fernando Alonso übernimmt die Spitzenreiterposition und gibt sie auch beim Finale zwei Wochen später in Brasilien nicht mehr her. Michael Schumacher spuckt auf einen Reifenstapel, als wolle er die ganze Bitterkeit aus seinem Körper verbannen. Aber dieser radikale Gefühlsumschwung in Sekundenbruchteilen ist das exakte Spiegelbild einer ganzen Saison. Und das Rennjahr 2006, das letzte des Michael Schumacher, kommt einem wie ein Schnelldurchlauf seiner ganzen Karriere vor. Eine Achterbahnfahrt der Gefühle.

Die Formel-1-Welt verneigt sich vor Michael Schumacher, der mit Würde abtritt. Selbst wenn er zum Schluss alles gewagt und alles verloren hat, bleibt er ein Gewinner. Die Frage nach der Enttäuschung versucht er noch in Suzuka so gut es geht zu verneinen: »Wir haben diese WM doch erst wieder zum Leben erweckt. Das ist etwas, worauf wir alle stolz sein können.« Aber er weiß selbst, dass es nach dem 50. Ausfall im 249. Rennen seiner Karriere so etwas wie der vorweggenommene Rücktritt ist, zu dem ihn die Tücke der Technik zwingt. Von jedem Mechaniker verabschiedet er sich mit Handschlag, umarmt innig die Mitglieder der Führungscrew. Der, der jetzt vielleicht den größten Trost braucht, spendet ihn.

Mit Pathos in der Stimme beschreibt er die Gefühlslage: »Es soll halt nicht sein. Deswegen hasse ich die Formel 1 aber nicht, so ist das im Rennsport eben. Wie im richtigen Leben. Es gibt Höhen und Tiefen. Ich weiß, dass es für mich keine Möglichkeit mehr gibt. Aber ich habe schon so viel erreicht. Davon geht die Welt nicht unter.« Nur die achte Weltmeisterschaft. Wahre Größe zeigt sich auch im umgehend formulierten Wunsch, ein sportlich sauberes Finale der Sai-

BRIDGESTONE
AMD
vodafone

Parkmanöver perfekt: Auf die Choreografie der Boxenmannschaft kann sich Michael Schumacher immer verlassen. Sein angekündigter Rücktritt motiviert das ganze Team noch einmal zu Höchstleistungen.

son und seiner Laufbahn anzustreben und gar nicht erst an die Minimal-Chance für den Großen Preis von Brasilien zu glauben, wo er selbst gewinnen und Alonso zugleich punktlos bleiben müsste: »Dass ein anderer ausfällt, ist nicht die Basis, auf der ich aufbauen möchte.«

Der Schumi-Faktor, das letzte Fünkchen Hoffnung, hilft beim Finale diesmal nicht weiter. In der Top-Ten-Qualifikation streikt die Benzinpumpe im Ferrari, es bleibt nur Startrang zehn. Schumacher nimmt den Kampf auf, überholt in der neunten Runde Giancarlo Fisichella und liegt für Sekunden hinter Fernando Alonso. Dann platzt der linke Hinterreifen – und endgültig auch der Titeltraum. Vom letzten Platz aus geht er wieder ins Rennen, aber Aufgeben ist nicht. Noch einmal treibt ihn der Ehrgeiz nach vorn. Zwei Runden vor Schluss ist er Fünfter, unmittelbar hinter seinem Nachfolger bei Ferrari, Kimi Räikkönen. In einem letzten großen Überholmanöver geht er am Finnen vorbei. Was für eine Befreiung, was für ein grandioser Akt zum Abschied! Dass Fernando Alonso mit einem zweiten Platz seinen zweiten Titel holt, geht fast unter. Manager Willi Weber: »Er hat allen gezeigt, dass er der Größte ist, der beste Rennfahrer der Welt. Dazu musste er nicht gewinnen.«

Den eigentlichen Abschied gibt er am Donnerstag vor dem letzten Rennen in einem Theatersaal im Hotel Transamerica in Sao Paulo. Es wird eine Glanzvorstellung. 400 Journalisten erleben einen bereits von der Leichtigkeit des Seins beflügelten Ferrari-Piloten. Anderthalb Jahrzehnte hat er alle möglichst auf Distanz gehalten, nicht nur auf der Rennstrecke. Jetzt merkt er, wie nahe sein Abschied vielen geht. Und er muss seiner eigenen Gefühle Herr werden. Er versucht es wie gehabt, indem er den Rücktritt als völlig logischen, sehr rationalen Akt sieht: »Im Großen und Ganzen verspüre ich keine Wehmut. Man muss so viel Motivation und Aufwand betreiben, und das sehe ich bei mir einfach nicht mehr. Der Akku ist zu leer.« Die Glücksgefühle aber, die bleiben. »Im Großen und Ganzen bin ich in der Formel 1 doch glücklich geworden.« Mehr noch: »Ich habe sehr viel erreicht, ich bin absolut mit mir im Reinen.«

Um zu zeigen, dass er der Größte ist, muss er im Finale nicht einmal gewinnen

Die Chronik eines angekündigten Rücktritts und gleichzeitig die spannendste Phase der Saison beginnt stilecht in Monza. Noch auf der Auslaufrunde nach seinem Triumph beim Großen Preis von Italien teilt Michael Schumacher seinem Team per Funkspruch den Abschied zum Saisonende mit. Als draußen noch die Ferraristi Siegesfanfaren blasen, besiegelt der siebenfache Weltmeister am 10. September um genau 15 Uhr, 37 Minuten und 17 Sekunden vor der Weltpresse offi-

Parkmanöver unzulässig: Die umstrittenste Szene der Saison 2006, als Michael Schumacher in der letzten Runde der Qualifikation von Monaco in der Rascasse-Kurve stehenbleibt und dem Rivalen Alonso die Bestzeit vermasselt. Die Strafe und die öffentlichen Prügel sind hart.

ziell seinen Abschied zum Saisonende. Ein historischer Moment der Formel-1-Geschichte.

Auf dem Siegerpodium, als Schumacher väterlich die Hand auf die Schulter seines Nachfolgers Kimi Räikkönen legt, wirkt er beinahe erleichtert. Seit Anfang Juli trägt er die Entscheidung mit sich herum, jetzt ist es raus. Die Tonlage rutscht dann zwangsläufig mehr ins Moll, als er zum Mikrofon greift und eine Rede aus dem Stegreif hält: »Es ist ein besonderer Tag, und ich bin froh, ihn auf diese Art zelebrieren zu können. Wir haben lange diskutiert, über eine lange Zeit. Es war die schwerste Entscheidung meines Lebens. Es galt, den richtigen Moment zu finden. Aber ich fühle, jetzt ist er gekommen, auch wenn ich traurig bin. Irgendwann kommt der Punkt, wo alles einmal zu Ende geht.«

Historische Momente mit den Siegen in Monza und Shanghai

Ein klarer Fall von Amtsmüdigkeit. »Für die Zukunft habe ich einfach nicht mehr die Möglichkeit gesehen, die Energie und Kraft aufzuwenden, um weitere Jahre konkurrenzfähig zu sein. Ein bisschen herumfahren kann ja nicht das Motiv sein, sondern wenn, dann habe ich den Anspruch, auf höchstem Niveau zu fahren. Das kann ich jetzt noch, aber ich stelle mir die Frage, ob ich das in Zukunft noch könnte.« Er weiß, dass eine Aufholjagd wie die in dieser Saison nicht beliebig oft reproduzierbar ist. Und dass die letzten anderthalb Jahre mit Ferrari viel Kraft gekostet haben, psychisch wie physisch. Beweisen muss er ohnehin längst niemandem mehr etwas, höchstens sich selbst. Außerdem lehrt einen wie ihn das feine Gespür eines Ausnahme-Rennfahrers, rechtzeitig zurückzutreten, bevor er zum Fall für die Schleichspur werden könnte.

Reicht das, um aufzuhören mit etwas, was ihm Spaß macht wie nichts anderes, was er besser kann als so ziemlich alle anderen auf der Welt? Spekuliert werden darf weiter. Vielleicht hat er sich nicht klar genug ausgedrückt, aber die Erwähnung, dass er Felipe Massa die Zukunft nicht verbauen wolle, erscheint wie ein Schutzschild. Zwischen den Zeilen ist herauszulesen: Der Mann hat mit 37, nach 16 Formel-1-Rennjahren, einfach genug – vor allem von den äußeren Umständen. Der aktuelle Ursprung liegt schon in den Anfeindungen des Frustjahres 2005, als die mangelnde technische Konkurrenzfähigkeit (vor allem der Reifen) auf den Fahrer abgeladen wurde, und die Schumacher – ganz der erklärte Teamplayer – auch alle ertrug. Aber diese Belastbarkeit hat Grenzen, vor allem, wenn die Angriffe immer persönlicher geführt werden. Er muss erkennen, dass mit zweierlei Maß gemessen wird, dass alles, was für andere normal ist, bei Michael Schumacher als Ausnahme gewertet wird.

7

SEINE GRÖSSTEN ERFOLGE

SPA 92 • 1. FORMEL-1-SIEG
ADELAIDE 94 • 1. WM-TITEL
HOCKENHEIM 95 • 1. HEIMSIEG
SPA 95 • GRÖSSTE AUFHOLJAGD
BARCELONA 96 • 1. FERRARI-SIEG
SUZUKA 00 • 1. TITEL MIT FERRARI
SHANGHAI 06 • LETZTER SIEG

Letzte Ausfahrt Interlagos – Mich
Schumacher begibt sich von nun an a
die Suche nach der verlorenen Ze
Auch mit einem vierten Platz im Fin
kehrt er der Formel 1 am Ende
Sieger den Rück

Die Demütigung im Frühjahr in Monte Carlo zeigt ihm, dass er gegen Alonso noch gewinnen kann, gegen Vorurteile und Vorverurteilungen aber dauerhaft nicht mehr. Der Vorfall ist schnell erzählt: Mit der Bestzeit im Rücken bremst der Ferrari-Pilot auf seiner letzten Runde eine Minute vor Ende der Trainingsstunde zu hart in die letzte Kurve, rutscht quer über die Fahrbahn, macht eine leichte Lenkbewegung und bringt sein Auto kurz vor den Barrieren zum Stehen. Mitten auf der Ideallinie, wo die Autos für die letzte Gerade Schwung holen. Nach ein paar Sekunden geht der Motor des Ferrari aus. Von hinten prescht WM-Gegenspieler Fernando Alonso heran, auf Kurs Pole-Position. Der Spanier muss abbremsen, am Ende fehlen ihm 64 Tausendstel zum ersten Startplatz. Schumacher erfährt erst, als er in die Box geschoben wird, dass er ganz vorn geblieben ist. Ein perfekter Fehler. Die Stimmung im Fahrerlager eskaliert: Keine Frage, das muss Absicht gewesen sein. Die Rennkommissare tagen bis eine Stunde vor Mitternacht, dann setzen sie Schumacher zurück auf den letzten Platz – er habe zu aggressiv gebremst an dieser Stelle. Vor einem richtigen Verkehrsgericht wäre damit kaum durchzukommen. Vom 22. Startplatz aus wird er in einem starken Rennen trotzdem noch Fünfter, Alonso gewinnt. Was nicht entmutigt, härtet ab.

Aber der Stachel sitzt tief. Michael Schumacher will keine Energie mehr für solche Attacken verschwenden. Er hält die Missgunst und Heuchelei von sogenannten Kollegen wie Jacques Villeneuve oder die nervenden Ratschläge eines Niki Lauda, die Beschimpfungen durch einen Keke Rosberg nicht mehr aus. Er erträgt auch die Gruppe der journalistischen Trittbrettfahrer und deren Verschwörungstheorien nicht mehr. Das sind die wirklichen Verschleißerscheinungen, die der Seele.

Das, was ihm die Reifen im Jahre 2005, als er sein Titel-Abonnement nach fünf Jahren an Fernando Alonso abtreten muss, verwehren, bekommt er in seiner Abschiedssaison: ein echtes Duell. Champion gegen Champion, auf Augenhöhe. Schon das Auftaktrennen kündet vom Charakter dieses großen Zweikampfs. Nach seinem zweiten Tankstopp in Bahrain biegt Schumacher neben Alonso wieder auf die Strecke ein. Seite an Seite rasen die beiden auf die erste Kurve zu – und Schumacher hat das Nachsehen. Das geschieht im ersten Saisonabschnitt häufiger. Aber Ferrari bleibt dran, entwickelt sich weiter. Die Routine lässt ihn seine Chance spüren, Alonso und Renault werden verwundbarer. In kleinen Schritten geschieht die Annäherung. Die Wende wird mit einem Sieg-Hattrick im Sommer eingeleitet. In Indianapolis, am Ort des Reifen-Skandals vom Vorjahr, beginnt sich mit Schumachers drittem Saisonsieg das Blatt zu wenden. Den größten Triumph landet er beim Großen Preis von China in Shanghai, als sich in einem vom Regen geprägten Chaos-Rennen Alonso und Renault verpokern – ein Ausdruck des schiefen Haussegens im Team. Michael Schumacher, der es ebenfalls nicht leicht hat, fährt vom sechsten Startplatz aus das vielleicht beste Rennen seiner Karriere – zumindest das, welches am längsten in Erinnerung bleiben wird. Nach 708 Tagen übernimmt er wieder die Führung in der WM-Wertung, jetzt ist nach fünf Siegen in sieben WM-Läufen der Titel wieder zum Greifen nah. Es soll, wie man ein paar Wochen später wissen wird, der letzte große Triumph seiner Karriere sein, ein kleiner Lohn für ein einzigartiges Comeback. Nach Saisonsiegen steht es 7:7 zwischen Schumacher und seinem Nachfolger. Müßig die Diskussion, wo die fehlenden Punkte verlorengegangen sind. Jetzt heißt es, nach vorn zu denken – für uns alle.

»Alles in allem haben wir eine schöne Zeit miteinander gehabt. Ich habe sie genossen. Vielen Dank.«

vodafone

QUALIFIYING

SHOEM

WER IST DAS?

AKER?

PIRELLI
DEKRA
DEKRA
DEKRA
Philips CarStereo

ZIEL-STREBIGKEIT

ALLES IST ENDE AUGUST 1991 FREMD FÜR DEN NEULING IN DER FORMEL 1 – NUR IM JORDAN-COCKPIT FÜHLT ER SICH SOFORT HEIMISCH.

Eddie Jordan ist für seinen Talentschuppen in der Formel 1 bekannt, berühmter ist er aber für seine schnellen Geschäfte. Mehr scheint auch dieser »Shoemaker« nicht zu sein. Ein Irrtum. Flavio Briatore kauft ihm die Rechte am Jung-Star vom Fleck weg ab. Jahre später prozessiert Jordan noch um Provision, und bekommt sie – von Schumacher. Manager Willi Weber erkennt als Erster dessen wahres Potenzial, auf dem Fahrer- wie auf dem Merchandisingmarkt: »Heute wollen alle an der Schumacher-Lotterie teilnehmen. Aber der einzige, der damals ein Los gekauft hat, bin ich.« Michael Schumacher antwortet auf die Frage, ob die Formel 1 sein Leben verändern könne, eher skeptisch: »Im Moment habe ich kein Geld. Das kann sich ändern, aber nicht heute. Jetzt geht es nur darum, Fortschritte zu erzielen ...«

Eine Karriere im Do-it-yourself-Verfahren. Vom ersten Grand-Prix-Einsatz an macht Michael Schumacher klar, dass er sich um die Details am liebsten selbst kümmert. Manager Wilhelm Weber bleibt zunächst im Hintergrund. Die beiden schließen ihren 20-Prozent-Deal: »Ich fahre, den Rest macht Willi.«

GELB-PHASE

IN DEN ERSTEN BEIDEN BENETTON-JAHREN SAMMELT MICHAEL SCHUMACHER SCHON ÜBER 100 PUNKTE. DER DURCHBRUCH STEHT KURZ BEVOR.

Nach nur einem Rennen im Team von Eddie Jordan hat sich Flavio Briatore die Dienste des Kronjuwels Michael Schumacher gesichert. Es dauert lediglich ein Jahr und fünf Tage, dann schafft Schumacher seinen ersten Formel-1-Sieg. An seinem Einstiegsort in Spa-Francorchamps, wo auch sonst?

Kommen und Gehen in der Formel 1 – Michael Schumacher und Ayrton Senna hatten kein besonders gutes, aber auch kein besonders schlechtes Verhältnis. Eigentlich hatten sie gar keines. Auch die gemeinsame Zeit auf der Strecke war zu kurz, um die Frage aller Fragen zu klären, wer denn nun der Bessere der beiden war. Im Mai 1994 verunglückte der Brasilianer tödlich in der Tamburello-Kurve von Imola – vor Michael Schumacher in Führung liegend.

CAMEL
Reporter
parfum
Diavia
SANYO
LISTA
UNITED COLORS
Ford
Mobil
19
VIVIL
Ford
Diavia

DER GROSSE AUGEN-BLICK

14. NOVEMBER 1994, ADELAIDE/AUSTRALIEN. DEUTSCHLAND REISST AM FRÜHEN SONNTAGMORGEN DIE AUGEN AUF – UND HAT MIT MICHAEL SCHUMACHER DEN ERSTEN FORMEL-1-WELTMEISTER SEINER SPORTGESCHICHTE.

TON

MIT MICHAEL SCHUMACHER POSITIONIERT SICH EINE

DER FUNKE SPRINGT ÜBER

NEUE FARBE DES ERFOLGS AN DER SPITZE DER FORMEL 1 – BENETTON VERDRÄNGT DIE PLATZHIRSCHE MCLAREN UND WILLIAMS.

EINSER-KANDIDAT

EIN JAHR VOLLER TRAGIK UND SKANDALE ENDET ZWAR MIT EINEM UR-KNALL, ABER AUCH MIT DER ERSTEN KRÖNUNG ALS WELTMEISTER. DER SIEGER IST ÄHNLICH ÜBERWÄLTIGT WIE DIE FANS IN DEUTSCHLAND.

Er steht hinterm Zaun, nicht weit vom havarierten Benetton, sein Blick ist leer. Sieht den anderen nach, die ihre wilde Jagd fortsetzen. Es ist das Finale der Weltmeisterschaft 1994, und Michael Schumacher ist draußen. Erst mit der Mauer kollidiert, dann rutscht das Wrack in den Williams seines britischen Rivalen Damon Hill. Ein ohnehin dramatisches Formel-1-Jahr endet mit einem persönlichen Drama. Alle acht Siege vorher – umsonst. Bis sich ein weiblicher Streckenposten zu ihm beugt, berichtet, dass Hill mit einem Folgeschaden ausgefallen ist. Michael Schumacher ist mit 92:91 Punkten zum ersten Mal Weltmeister. Fassen kann er es nicht: »Es wird noch dauern, bis ich genau weiß, wie man sich als Weltmeister fühlt. Auch in diesem Punkt besteht zwischen Theorie und Praxis ein unerwartet großer Unterschied.« Jubel, Schumi, jubel!

BENETTON
Benetton Formula 1
Bitburger
GROSSER MOBIL 1 PREIS

EINFACH BERAUSCHEND

KAUM EINER DER FORMEL-1-FAHRER BEWÄLTIGT DEN FLIESSENDEN ÜBERGANG ZWISCHEN SICH DRAMATISCH VERÄNDERNDEN

TRECKEN- UND WETTERVERHÄLTNISSEN SO WIE MICHAEL SCHUMACHER. DAS BRINGT IHM FRÜH DEN EHRENTITEL »REGENGOTT« EIN.

elf
MINOL
MOËT

SCHUMI IST IMMER NOCH SCHAUMI

MIT ÄHNLICH VIEL SCHWEISS WIE CHAMPAGNER WIEDERHOLT MICHAEL SCHUMACHER DEN ERFOLG MIT BENETTON. UMSTRITTEN IST DABEI NICHT NUR ER, VIELMEHR ERWEIST SICH DAMON HILL ALS DÄMON.

Formel-1-Weltmeister zu werden, ist für Michael Schumacher kein einmaliges Ereignis mehr. Als Wiederholungstäter lässt er Damon Hill erst gar nicht zu nah an sich ran, jedenfalls nicht von den Zählern her: 102:69 – das sagt alles. Aber über das Punkte-Verhältnis hinaus kracht es zwischen den Rivalen der Rennbahn. In Silverstone und Monza geht Hill auf Crash-Kurs. Aber Schumacher gewinnt zum ersten Mal den Großen Preis von Deutschland auf dem Hockenheimring: »Dafür Worte zu finden, ist wahnsinnig schwer. Vor heimischem Publikum zu gewinnen, ist eine einzigartige Bestätigung.« Einmal ist keinmal, zweimal noch mal: Auch der Große Preis von Europa ist ein Heimspiel, auf dem nassen Nürburgring geht Michael Schumacher zwei Runden vor Schluss in Führung. Seine ganze Klasse wird aber, wie gewohnt, in Spa deutlich: Triumph von Startplatz 16 aus. Eines Champions würdig.

RENNZEICHEN D

MIT DEM ERSTEN AUFTRITT UND DEN ERSTEN TITELN VERÄNDERT MICHAEL SCHUMACHER AUF EINEN SCHLAG DIE DEUTSCHE SPORT- UND FERNSEHLANDSCHAFT.

Die Formel 1 erlebt vom August 1992 an ihr blaues Wunder. Michael Schumacher wird Stammgast auf dem Podium, genießt sein Glück mit geschlossenen Augen – als ob er sich immer noch mehr Erfolg vorstellen kann. Insgesamt 19-mal steht er in seinen gut vier Jahren mit dem Benetton-Team ganz oben auf dem Treppchen.

Was für einen Unterschied ein Jahr macht. Spa, 1991, die Formel 1 fragt sich: »Shoemaker? Wer ist das?« Spa, 1992, der Name ist inzwischen bekannt, aber John Watson muss unbedingt noch eine Anschlussfrage los werden: »Wo kommen bloß all die deutschen Fahnen her ...?« Nach Boris bumm-bumm feiert Deutschland Schumi brumm-brumm. Ein Boom, der mit einer Notlüge beginnt. Im Konglomerat der Schumacher-Entdecker ist nicht mehr genau zu verifizieren, wer schließlich die angeblich 450 000 Dollar vorstreckte, die Teamchef Eddie Jordan für den Einsatz eines Nobody aus Germany haben will. Jochen Neerpasch, Norbert Haug, Peter Sauber und Wilhelm F. Weber nehmen es gleichermaßen für sich in Anspruch, wahrscheinlich hat jeder auch ein bisschen Recht. Die Transaktion war nicht das Problem. Aber Jordan, einem guten Geschäft nie abgeneigt, wollte in seinem Cockpit nicht nur einen Fahrer mit Geld sehen, sondern auch mit Erfahrung. Sein Stammpilot Bertrand Gachot saß in einem englischen Knast, weil er einen Taxifahrer mit Tränengas bedroht hatte. Schumacher und seine Berater mussten flunkern. Er kenne die Berg- und Talbahn auswendig, so nahe wie sie an seinem Kerpen liege. Klar doch. Um der Wahrheit Genüge zu tun: Er lernte sie erst an seinem ersten Formel-1-Wochenende kennen, zunächst auf dem Mountainbike. Dass er den giftgrünen Jordan auf den siebten Startplatz pilotierte, war für das Fachpublikum eine Sensation. Solche Verschiebungen sind in der Formel 1 ähnlich selten wie im Eiskunstlaufen. Aber mit Hochdienen konnte sich Michael Schumacher nicht lange aufhalten. Er hatte nur eine Chance, und er nutzte sie – im Gegensatz zur Kupplung, die nach ein paar hundert Metern verrauchte.

Die kurze Strecke war lang genug für Flavio Briatore und Bernie Ecclestone, um zu erkennen, wer da seine Visitenkarte abgegeben hatte. Der Italiener brauchte einen Fahrer mit Zukunft, der Brite einen Star für die Zukunft. Deutschland war praktisch ein weißer Fleck auf der Formel-1-Karte, die öffentlich-rechtlichen Fernsehanstalten hatten nicht einmal Interesse an Übertragungen. Das Qualifying für eine Ausnahmekarriere begann. Zwei Wochen später trug Schumacher bereits die

Ford
elf
MINOL
UNITED COLORS
Vaporetto
Polti
M.Schumacher

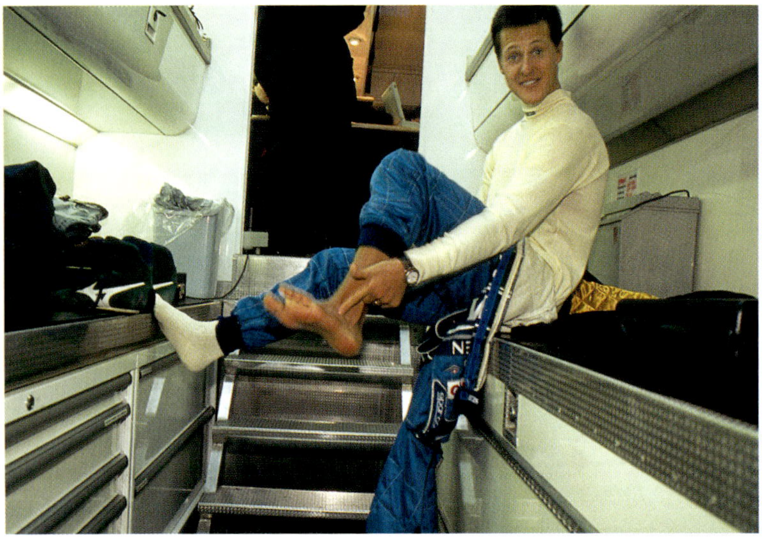

Noch bewahrt sich Michael Schumacher einen Schuss Unbekümmertheit. Intuitiv lernt er jedoch, nicht mehr jeden an sich heranzulassen, und umgibt sich mit Personen seines Vertrauens. Aus der bunten Anfangszeit begleiten ihn Fahrzeugdesigner Rory Byrne und Technik-Stratege Ross Brawn bis zum Karriereende mit Ferrari.

Das Misstrauen trübt die lockere Stimmung und den farbenfrohen Auftritt von Benetton. Für die technischen Skandale, wie die nicht regelkonforme Bodenplatte 1994, muss auch der Fahrer büßen. Solche Vorkommnisse lassen Michael Schumacher vorsichtiger werden. Von Trittbrettfahrern aller Art trennt er sich früh. Akzeptieren muss er jedoch, dass sich der Fokus der Fans und Medien auf ihn richtet. Egal, was er jetzt tut oder lässt – die Dinge bekommen eine neue Dimension.

bunten Klamotten von Benetton, in seinem ersten zu Ende gefahrenen Grand Prix belegte er in Monza gleich den fünften Platz. Dem Tempo, mit dem er losgelegt hat, sollte Schumacher treu bleiben, 16 Jahre lang. Die Anfangsjahre waren prägend. Briatore, obwohl ein kompletter Gegenentwurf für den eher schüchternen und konservativen Jungstar, war prägend. Kaltschnäuzigkeit lässt sich nur durch Kompromisslosigkeit kontern.
Michael Schumacher lernt, sich Respekt zu verschaffen. Auch auf der Piste. Er orientierte sich nicht an seinen erfahrenen Teamkollegen, sondern an Ayrton Senna. Dem Besten. Sie waren sich verdammt ähnlich, auch wenn sie es nie zugegeben hätten. Analytisch, intuitiv, überehrgeizig. Bei Testfahrten in Hockenheim blockierten sie sich gegenseitig. Senna wollte ob dieser Majestätsbeleidigung dem deutschen Emporkömmling an den Kragen. Aber Schumacher hielt dagegen, in Worten und Gesten. Die Fronten waren geklärt, der eine wusste um die sportliche Gefährlichkeit des anderen. Freunde konnten sie nie werden. Aber sie haben sich respektiert, auch wenn diese Tatsache ebenso wenig in die Klischees der fanatischen Senna-Pilger passt wie Schumachers Reaktion nach dem Tod des Brasilianers am 1. Mai 1994 in Imola. Schumacher blieb den öffentlichen Beerdigungszeremonien in

Ob unbeabsichtigt oder nicht – die Rempelei mit Damon Hill im WM-Finale 1994 manifestiert bei vielen den Ruf Schumachers als Pisten-Rowdy. Hill gegenüber würde er das nie zugeben, denn den Engländer empfindet er nicht als ebenbürtigen Gegner.

Sao Paulo fern. Später, in aller Stille und ganz allein, erwies er dem Kollegen am Grab die Ehre.

Für die – vor allem in der britischen Presse – vorhandene Gegnerschaft Schumachers, die sich erst an den teutonischen Charakter gewöhnen musste, war ein neues Klischee gefunden. Gerhard Berger gab später zu: »Irgendwie waren wir alle gegen ihn. Wahrscheinlich haben wir im Unterbewusstsein gespürt, dass da der nächste Superstar heranwächst. Und das wollten wir eben nicht wahrhaben.« Natürlich, die verbalen und tatsächlichen Kollisionen zwischen Sennas Pseudo-Nachfolger Damon Hill und Schumacher haben der Popularität der Formel 1 gut getan. Und als das Benetton-Team, dem stets der Einsatz verbotener elektronischer Hilfsmittel nachgesagt wurde, tatsächlich von den Kontrolleuren diverser Vergehen – wie einer um einige Millimeter zu hohen Holzplatte am Unterboden – überführt werden konnte, war das Feindbild formuliert: Schummel-Schumi! Es hielt sich bis 2006 und wurde zu allen möglichen Anlässen hervorgekramt. Es versetzte den abgestempelten Piloten derart in Rage, dass er zwischenzeitlich sogar eine Klage erwägte. Die Wahrheit war anders gelagert: Den zweifelhaften Ruf brachten ihm die technischen Machenschaften des Teams ein. Dessen damaliger Technikchef Tom Walkinshaw – ein Brite – war in der Branche dafür bekannt. Auch vom Clash der Egos mit Flavio Briatore sollte er nach vier Jahren – und zwei Weltmeistertiteln, die neben der blauen Wundertüte von Benetton vor allem auf dem Talent Schumachers basierten – genug haben.

Michael Schumacher pflegte früh seine Art, mit Anfeindungen fertig zu werden: Er setzte sich ins Rennauto und fuhr den Gegnern einfach davon. Im ersten vollen Formel-1-Jahr, 1992, belegte er den dritten Platz – als bester Neueinsteiger seit Jackie Stewart. Und die deutschen Fans, die ein Jahr nach dem ersten Schumacher-Auftritt in den Ardennen rotkäppchengleich durchs Unterholz brachen, hatten ein gutes Gespür bewiesen. Sie erlebten den ersten Formel-1-Sieg des heranwachsenden Helden. Fortan würde dieser den fahrerisch anspruchsvollsten Kurs im Kalender nur noch als »sein Wohnzimmer« bezeichnen. Er sollte auch schnell woanders heimisch werden.

Das Benetton-Team schummelt, aber an Schumi bleibt der Schimpfname kleben

7
SEINE WICHTIGSTEN TEAMKOLLEGEN

1991	NELSON PIQUET
1992	MARTIN BRUNDLE
1993	RICCARDO PATRESE
1995	JOHNNY HERBERT
1996	EDDIE IRVINE
2000	RUBENS BARRICHELLO
2006	FELIPE MASSA

FERRAR

DAS HERZBLUT VON FERRARI LÄSST NICHT NUR DEN PULS BEI DEN FANS, SONDERN SEIT 1996 AUCH DEN DES KÜHLEN ANALYTIKERS MICHAEL SCHUMACHER RASEN. **DERART BESCHLEUNIGT, BEGINNT DIE ERFOLGREICHSTE EPOCHE EINES FAHRERS UND SEINES TEAMS IN DER FORMEL 1.**

1995-2005

GRAND PRIX

I-JAHRE

»MICHAEL IST EIN GANZ SPEZIELLER MENSCH, EIN PERSÖNLICHER FREUND UND EINE LEGENDE AUF DER PISTE.
ES WAR EIN PRIVILEG, MIT IHM ARBEITEN ZU DÜRFEN.«

TODT-VATER

SCHÖNE AUSSICHTEN – IM JAHR 2000 DURCHBRICHT MICHAEL SCHUMACHER DEN AUF

SIMPLY RED

FERRARI LASTENDEN FLUCH, 21 JAHRE KEINEN FAHRERTITEL GEWONNEN ZU HABEN. ZUSAMMEN MIT RUBENS BARRICHELLO SICHERT ER DER SCUDERIA AUCH DIE KONSTRUKTEURS-WM.

GATTIN UND GÖTTIN

DIE INNIGE BEZIEHUNG EINES RENNFAHRERS ZU SEINEM RENNWAGEN GIPFELT IM KOSENAMEN »DIE GÖTTIN«. ABER AUF DAUER ZIEHT DER MANN DOCH SEINE GATTIN CORINNA VOR.

Marlboro
Technology Provided by AMD
Marlboro
Marlboro

RUNTER KOMMT ER IMMER

NUR SEINEM UNBEDINGTEN WILLEN IST ES ZU VERDANKEN, DASS MICHAEL SCHUMACHER BEI FERRARI FÜNF ANLÄUFE NEHMEN DIE VORWÜRFE IN DEN ANFANGSJAHREN GALTEN SELTEN DEM FAHRER, MEHR SEINEM UNTERSATZ.

DARF, BIS ES MIT DEM ERSEHNTEN TITEL ENDLICH KLAPPT.

JÄGER DES VERLORENEN PLATZES

EIN WELTMEISTER WIRD ZWANGSWEISE IN DEN WARTESTAND VERSETZT. FERRARI MUSS ERST ZU EINER SCHLAGKRÄFTIGEN TRUPPE WACHSEN. ABER AN SCHLAGZEILEN HERRSCHT KEIN MANGEL. VIEL FEIND, VIEL EHR – VIEL FRUST.

Vier Jahre Anlauf nehmen, um den nächsten Titel zu holen, das ist eine unglaublich lange Zeit für einen geborenen Champion. Er ist nicht erfolglos, sondern nur weniger erfolgreich – gemessen am eigenen hohen Anspruch. Immerhin 16 Siege in 59 Rennen, zweimal den greifbar nahen Titel erst im Finale verpasst. Es ist auch die Zeit seiner schwierigsten Manöver. Nach der Karambolage mit Jacques Villeneuve in Jerez ist für alle Welt Schumis Ruf zwar ramponiert, aber im Team und in Italien beginnt die Liebe für den unermüdlichen *tedesco* zu reifen. Doch die Moral ist ungebrochen, 1999 liegt der WM-Sieg mit einem technisch endlich ausgereiften Ferrari drin. Bis in Silverstone die Bremsen versagen, Michael Schumacher bricht sich beide Beine. Von der Trage aus winkt er in die Kameras: »Ich wollte Corinna ein Zeichen geben, dass es um mich nicht so schlimm bestellt war, wie es aussah.« Alles wird gut.

DEUTSCH-RUNDE

EINE LÜCKE IM REGLEMENT GESTATTET ES, AUF DER AUSLAUFRUNDE ANHALTER MITZUNEHMEN – DEN GESTRANDETEN KOLLEGEN GIANCARLO FISICHELLA.

DIE STUNDE DER WAHRHEIT SCHLÄGT NACH DEM RENNEN. DER INTERVIEWBEREICH HEISST BEI DEN FAHRERN NUR »DER RING«.

EIN MANN SIEHT ROT

ERST IM RÜCKSPIEGEL WIRD MICHAEL SCHUMACHER KLAR WERDEN, DASS ER IN SEINEN FERRARI-JAHREN SELBST ZUM

MYTHOS GEWORDEN IST.

MICHAELANGELO BRINGT DIE ERLÖSUNG

ENDLICH GEHT DER GROSSE PLAN AUF, WENN AUCH MIT VERSPÄTUNG: IN DER MILLENNIUMS-SAISON GEHT MICHAEL SCHUMACHER AUCH IN DIE FERRARI-GESCHICHTE EIN.

Sprachlos, einfach sprachlos. »Mein Vokabular reicht einfach nicht aus für das, was ich fühle.« Dann sagen wir es doch lieber gleich mit einer Zahl: Die Eins, die Michael Schumacher 1996 von Benetton zu Ferrari mitgebracht hatte, ist endlich zurückerobert. Neun Siege in der Millenniums-Saison, dann ist eine 21 Jahre währende Durststrecke von Ferrari beendet. Schon im vorletzten Rennen in Suzuka ist der Triumph perfekt. Den bewegendsten Moment aber erleben die Zuschauer in Monza, als Michael Schumacher beim Großen Preis von Italien die Siegesbestmarke von Ayrton Senna einstellt. Der sonst so beherrschte Rennfahrer lässt seinen Gefühlen freien Lauf, vor den Kameras übermannen ihn die Tränen. Die Welt erlebt einen Champion der Emotionen. Das Rot der Perücken, die sich alle Ferrari-Mannen beim Abschlussrennen in Malaysia überstülpen, bleibt noch lange kleben.

BLUTS-BRÜDERSCHAFT

DER DANK ANS TEAM IST NICHT BLOSS EINE FLOSKEL. MICHAEL SCHUMACHER HAT DIE AUFGABE ALS MANNSCHAFTSKAPITÄN

IMMER SEHR ERNST GENOMMEN UND DAMIT DAS BERUFSBILD DES SPITZENRENNFAHRERS NEU DEFINIERT.

DAS QUARTETT IST KOMPLETT

MIT EINER FÜR DIE GEGNER UNERTRÄGLICHEN LEICHTIGKEIT DES RENNFAHRER-SEINS MACHT SICH MICHAEL SCHUMACHER DARAN, DEN NACHHOLBEDARF DER FERRARISTI ZU DECKEN. DER ERFOLGSHUNGER IST ABER NICHT ZU STILLEN.

Die Unbeschwertheit, die er seit der Erlösung für alle Ferrari-Fans im Vorjahr spürt, beflügelt Michael Schumacher erst richtig. Die Scuderia dominiert von Saisonbeginn an, der Auftaktsieg in Melbourne wird überschattet vom Tod eines Streckenpostens. Danach enteilt der Deutsche nicht nur seinem Lieblingsgegner Mika Häkkinen. Dass er auf dem Weg zum nächsten Triumph keine Verwandten kennt, bekommt Bruder Ralf auf dem Nürburgring zu spüren, als er vom Ferrari fast in die Boxenmauer gedrängt wird. Noch ein Rivale der Rennbahn. Aber zu stoppen ist er längst nicht mehr. Fünf WM-Läufe vor Saisonschluss, beim Großen Preis von Ungarn, ist das Titelrennen bereits zu seinen Gunsten gelaufen. An die Freudentränen haben sich alle schon gewöhnt. Die Perfektion eint Mensch und Maschine, Chef-Stratege Ross Brawn bescheinigt dem Chef-Fahrer die ungewöhnliche Fähigkeit, unter die Haut eines Teams schlüpfen zu können. Beim vorgezogenen Champions-Dinner an der Donau verkündet Ferrari-Präsident Luca di Montezemolo die Marschrichtung für die Zukunft: »Wir werden weitermachen. Siegeslust steckt in unserer DNA.« Kein Versprechen, sondern eine Drohung.

4

FEIER-ABEND

DER EINE DENKT, DER ANDERE LENKT. ES GIBT NICHT VIELE MENSCHEN, VON DENEN SICH DER CHAMPION AUF DEN ARM NEHMEN

LÄSST. ABER FERRARI-STRATEGE ROSS BRAWN IST SO EINER.

EINZUG IN DIE CHAMPIONS LEAGUE

DER TITEL-HATTRICK MIT FERRARI, SEIN FÜNFTER TITEL INSGESAMT, STELLT MICHAEL SCHUMACHER AUF EINE STUFE MIT JUAN-MANUEL FANGIO. ER SELBST WILL VON SOLCHEN VERGLEICHEN NICHTS WISSEN.

In Maranello läuten die Glocken in diesem Jahr elf Mal für Michael Schumacher, Pfarrer Don Alberto Bernardoni hat schon Schwielen an den Händen. Aber er bleibt tapfer: »Wenn die Schäfchen feiern, freut sich der Hirte.« Es ist ein Titelgewinn im Schnellverfahren. Bereits Mitte Juli erfolgt beim Großen Preis von Frankreich die neuerliche Krönung. Damit es den Fans nicht zu langweilig wird, provoziert Ferrari auch die Skandale selbst. Beim Großen Preis von Österreich muss der in Führung liegende Rubens Barrichello auf Geheiß der Ferrari-Box Schumacher vorbei lassen. Das Gesicht von Jean Todt nimmt die Farbe seines Pullovers an, als er den legendären Satz brüllt: »Let Michael pass, do it for the championship.« Schumi, der mal wieder die Prügel abbekommt, macht gute Miene zum bösen Spiel. Voller Trotz, mit beinahe doppelt so vielen WM-Punkten wie sein brasilianischer Beifahrer, zeigt er, dass er den Titel auch ohne Stallregie verdient hat. Mit dem Wort Mythos kann er immer noch nichts anfangen, und den direkten Vergleich mit Fangio duldet er erst recht nicht: »Das kann man nicht vergleichen.«

vodafone
FIAT

TITEL IM VISIER

NICHT ANDERS ALS SEPP HERBERGER GEHT MICHAEL SCHUMACHER BEI SEINEM SIEGESZUG ZU WERKE: DAS NÄCHSTE RENNEN IST IMMER DAS SCHWERSTE.

DER ERNST DES LEBENS

NICHT MEHR GANZ SO LEICHT, ABER TROTZDEM MIT EINER SOUVERÄNEN GESAMTLEISTUNG, HÄLT MICHAEL SCHUMACHER IN SEINER 13. FORMEL-1-SAISON DEM STÄRKER GEWORDENEN DRUCK STAND.

Es ist eine beinahe übermenschliche Leistung, die das Schicksal von Michael Schumacher in San Marino verlangt. Nach der Pole-Position fliegt er mit Bruder Ralf im Privatjet nach Köln, wacht am Totenbett von Mutter Elisabeth. Am Ostersonntag fährt er, zurück in Imola, den ersten Saisonsieg für die Scuderia ein. Auf dem Podest erscheint ein Sieger, dessen Gesichtszüge exakt den Trauerflor am Ärmel seines Overalls widerspiegeln. Nach anderthalb Stunden Ablenkung am Limit wird Michael Schumacher nach einem der sportlich wie menschlich wichtigsten Siege seiner Karriere wieder von den Tränen eingeholt. Trost kam von der italienischen Ersatz-Familie: »Alle bei Ferrari haben mir an diesem schrecklichen Tag zu verstehen gegeben, wie sehr sie hinter mir stehen. Das hat gut getan.« Seinen sechsten Titel, manifestiert mit seinen Ferrari-Siegen Numero 51 und 52, widmet er der Mutter. Im Sommer verlängert er seinen Vertrag mit der Scuderia vorzeitig bis 2006. Am Ende wird es noch mal spannend, doch ein achter Platz beim Finale in Suzuka reicht gerade, um Kimi Räikkönen im Silberpfeil um zwei Punkte in der Endabrechnung zu distanzieren.

6
BRIDGESTONE
BRIDGESTONE

DAS SPRICHT FÜR IHN

EINEN VORWURF MUSS SICH MICHAEL SCHUMACHER IMMER GEFALLEN LASSEN: ER HABE DIE FORMEL 1 DURCH SEINE ERFOLGE LANGWEILIG GEMACHT. ABER DAMIT KONNTE ER GUT LEBEN.

Marlboro

DER SIEBTE SINN

WER NICHT EINSCHLAFEN KANN, ZÄHLT IN DIESEM RENNJAHR STATT SCHÄFCHEN EINFACH SCHUMACHER-SIEGE. ER GEWINNT 13 RENNEN, SO VIELE WIE NOCH NIE IN EINER SAISON.

Was die Motivation angeht, funktioniert Michael Schumacher wirklich wie eine Maschine, von Adrenalin und Endorphinen befeuert. Man könnte natürlich auch behaupten, dass der Mann, der die Superlative in der Formel 1 getötet hat, einfach nicht verlieren kann. Er macht für sich den Umkehrschluss geltend, nachdem er 2004 wirklich alle in Grund und Boden gefahren hat: »Ich fahre nur noch aus Spaß am Rennen, am Wettbewerb – und am Gewinnen.« Nur einmal kommt er nicht ins Ziel, als ihm Juan-Pablo Montoya im Tunnel von Monte Carlo ins Heck knallt. Der Kerpener hat mit Ferrari die Formel 1 nicht nur monopolisiert, sondern eine Monokultur entstehen lassen. Der Mann scheint aber schon was zu ahnen: »Im Gegensatz zu 2003 haben wir wirklich in großem Stil gewonnen. Aber unsere Erfolge können nicht die Regel sein, sie sind eine Ausnahme.« Das Lächeln, dass sich bei dieser Analyse quer zum Kinn zeigt, taugt zur Zufriedenheit: Es ist die Perfektion, die er immer angestrebt hat. Rosige Zeiten für den einen, rostige für die anderen.

Marlboro
M.Schumacher
MUMM

vodafone
BRIDGESTO
AMD
R. BRAWN

SEVEN UP

UND DIESES WAR DER SIEBTE STREICH: DAS RENNJAHR 2004 KLINGT MIT DEM FÜNFTEN FAHRERTITEL IN FOLGE AUS. AUCH DAS EIN REKORD – FALLS MAN ES NOCH EXTRA ERWÄHNEN MUSS.

GESELLSCHAFT MIT BESCHRÄNKTER HAFTUNG

FERRARI UND SCHUMACHER WERDEN NICHT NUR VON FERNANDO ALONSO UND RENAULT ABGEHÄNGT, SONDERN VOR ALLEM DURCH

DEN NACHTEIL BEI DEN REIFEN. AM ENDE BLEIBT RANG DREI

DEINE HEIMAT IST DAS MEHR

LEGENDE ZU LEGENDE. MIT DER UNTERSCHRIFT UNTER DEN VERTRAG BEI FERRARI BESIEGELT MICHAEL SCHUMCHER DIE ERFOLGREICHSTEN FORMEL-1-JAHRE. FÜR SICH – UND DAS TEAM.

Alles auf Rot! Dabei fängt es ganz in Weiß an, denn die erste Testfahrt Ende 1995 an der portugiesischen Atlantikküste absolviert Michael Schumacher noch als Benetton-Pilot, und der lieben Sponsoren wegen hat der Overall bis zum offiziellen Vertragsbeginn Neujahr 1996 neutral zu sein. Vom Herzblut, das die Hausfarbe Maranellos widerspiegelt, keine Spur. Vom Mythos auch nicht. Schon mit dem Wort kann der PS-Realo nichts anfangen. Da geht es ihm wie dem Mann, in dessen Planspielen er der Vollstrecker ist. Jean Todt fuhr zur ersten Verhandlung über den Posten als Teamchef mit Ferrari-Präsident Luca di Montezemolo im Mercedes vor. Für die Italiener ein Kulturschock. Ob Mercedes-Stern oder Schumi-Kinn – ein klares Signal: preußische Disziplin. Todt strich den Mechanikern gleich mal den Rotwein in der Mittagspause, Schumacher verweigerte den Italienisch-Unterricht. Es würde wohl eine ziemlich nüchterne Angelegenheit werden.

Denkste. Es wird eine Zeit, die wie keine andere in dieser Sportart von Champagner nur so trieft, in der Adrenalin und Endorphine im Zwei-Wochen-Rhythmus ausgeschüttet werden. Elf Rennjahre später kündet die Bettlaken-Prosa auf den Tribünen des Autodromo Nazionale von Monza, wie der *tedesci* allen Vorurteilen zum Trotz eben doch in die Herzen der Ferrari-Nation gefahren ist. »Michele, für uns bleibst du immer die Nummer eins« haben sie auf ihre Transparente gepinselt, »Das Rot im Auge, Schumi im Herzen« und »Schumi plus Ferrari gleich ewige Liebe«.

In Maranello geschieht seit der Amtsübernahme Todts etwas, das in italienischen Fußball-Vereinen (und nicht nur dort) selten gut geht: Ein Ensemble von Stars, jeder auf seiner Position ein Champion, ordnet sich dem Gemeinwohl unter. Mit Niki Lauda hat das damals nicht funktioniert. Es war ein Experiment mit dem höchsten nationalen Kulturgut. Die Idee einer italienischen Nationalmannschaft wurde durch eine rasende europäische Gemeinschaft ersetzt, wie sie bei der Konkurrenz schon lange gang und gäbe war: Teamchef Jean Todt ein Franzose, Technikstratege Ross Brawn ein Brite, Stammpilot Schumacher ein Teutone. Das Herzstück aber, *la macchina*, blieb in italienischer Hand. Aber das Euro-Team Ferrari hat sich stets zu *passione* und

Aller Anfang ist schwer: Zunächst gilt es für Michael Schumacher, das Temperament des *cavallino rampante*, des springenden Wappentiers von Ferrari, zu bändigen.

Marlboro
odafone

Rotlicht-Bezirk: Die Konzentration auf das eigene Tun und den eigenen Ehrgeiz wird vom Mannschaftskapitän auf die komplette *gestione sportiva*, die Rennabteilung von Ferrari, übertragen.

potenza bekannt, der Leidenschaft und Kraft. Aus dem instabilsten Team der Formel 1 wird das stabilste. Und zur Jahrtausendwende, als das ganze Unternehmen im Falle eines neuerlichen Misserfolges bei allem Wohlwollen zu kippen droht, klappt es. Eine Erlösung für Ferrari, ach was, für ganz Italien. Für Schumacher, Todt und die anderen Blutsbrüder auch. Für sie, die immer den schnellen Erfolg suchen, sind fünf Wartejahre eine Ewigkeit. Von nun an kann es richtig losgehen. »Die Leute vergessen immer, wie lange es gedauert hat, bis wir zum ersten Mal jubeln konnten«, sinniert Schumacher später, »alles, was nach dem ersten Titelgewinn kommt, ist eine Zugabe.« Aber auch dieser Spaß an der Freude, mit einer einzigartigen Rekordfahrt für Team und Pilot verbunden, gerät nicht zu einer ausgelassenen Kür. Dazu ist das Pflichtbewusstsein viel zu groß.

Jean Todt reflektiert den – relativen – Misserfolg ebenfalls als den eigentlichen Beginn einer großen Ära: »Unsere Beziehung ist so eng, weil wir so schwierige Zeiten durchgemacht haben. Hätten wir 1996 gleich den Titel geholt, wäre unsere Freundschaft vielleicht anders verlaufen. Ich mag Michael. Wenn er sich schlecht fühlt, fühle ich mich auch schlecht. Wenn man ihn attackiert, würde ich gern die Attacken auf meine Schultern nehmen.« Nicht auszudenken, wenn nach der Ausfallserie im ersten gemeinsamen Jahr – als der Ferrari schon mal als unfreiwilliges Dreirad auf die Piste kam – das damals noch fragile Gebilde auseinander gebrochen wäre.

Doch der mentale Kitt hält, und von der Saison 2001 an wird das Gemeinschaftsgefühl erst so richtig ausgelebt. Von Nachholbedarf kann man eigentlich nicht sprechen. Der Erfolgshunger entpuppt sich als eine richtiggehende Fresssucht. Selbst zu Hoch-Zeiten werden die stundenlangen Briefings mit den Ingenieuren vor und nach jedem Grand Prix nicht entscheidend verkürzt. Konzentration kommt vor Emotion. In der Berufsauffassung unterscheidet sich Michael Schumacher auch entscheidend von seinem langjährigen Beifahrer Rubens Barrichello. Dem Brasilianer, obwohl vom Temperament her dem Italienischen so ähnlich, fehlte es in den wichtigen Momenten

Einer für alle, alle für einen – der Erfolg einer alten Fußball-Weisheit

einfach an professioneller Strenge. Die unterschiedliche Auffassung davon, wo der Ehrgeiz aufhört, dividieren ihn und Michael Schumacher auseinander. Immerhin, Rubinho hält es als Teamkamerad am längsten neben dem Champion aus, sechs Jahre. Allein das zeugt vom Langmut, von den sportlichen Demütigungen gar nicht zu reden. Barrichello ertrug die Prügel durch Schumis Kasperklatsche stoisch. Wohl wissend, dass er andernorts nie mehr so erfolgreich sein würde wie als Beifahrer der Scuderia. Mit allem Ego eines Südamerikaners darf er stolz behaupten: »Erst als ich zu Ferrari kam, begann das Team zu gewinnen.« Noch zählbarer für ihn als diese Interpretation der Statistik und die Beteiligung an den Mannschafts-Weltmeisterschaften aber ist die Steigerung des eigenen Marktwertes. Der Habitus als Mann an Schumis Seite brachte ihm am Ende einen Rentenvertrag bei Honda ein.

Im Motorsport ist das Können des Einzelnen nicht das allein Entscheidende. Weshalb es zu den Fähigkeiten eines Champions gehören muss, eine ganze Mannschaft hinter sich zu bekommen. Wer heute Ferrari sagt, meint automatisch auch Schumacher – und umgekehrt. Der eine wäre ohne den anderen undenkbar. Es mag abgegriffen klingen, aber die simpelste aller Fußball-Weisheiten gibt der Scuderia den nötigen Grip: Der Star ist die Mannschaft. Das macht sie aus, die rote Dimension. Ganz ohne Einzellob geht es aber auch bei Firmenlenker Luca di Montezemolo nicht: »Er ist der Allergrößte, den wir je gehabt haben. Michael Schumacher ist die Spitze des Diamanten.« Der Fahrer selbst reift in den elf Jahren als Gastarbeiter jenseits der Alpen sichtlich. Und der größte Erfolg seiner Karriere ist vermutlich der, erst Benetton und dann Ferrari in einem Kraftakt ohnegleichen an die Spitze getrieben zu haben.

Italienische Momente und preussische Disziplin müssen kein Gegensatz sein

Einer für alle, alle für einen. Die menschliche Größe zeigt sich im Kleinen. Im Herbst 2000 ist in den Karaoke-Hütten rund um die Rennstrecke von Suzuka die Stimmung längst im roten Bereich. Schumacher hat Ferrari erlöst und nach 21 Jahren wieder einen WM-Titel beschert. Nicht alle können feiern, die Mechanikercrew muss noch packen. Beim Aufräumen in der Garage verletzt sich ein Ferrari-Mechaniker schwer am Bein.

7 SEINE GRÖSSTEN MISSERFOLGE

SPA 94 • SIEG ABERKANNT
JEREZ 97 • VILLENEUVE-CRASH
SPA 98 • NEBELUNFALL
SUZUKA 98 • AUTO ABGEWÜRGT
SILVERSTONE 99 • BEINBRÜCHE
SPIELBERG 02 • STALLORDER
MONTE CARLO 06 • PARKMANÖVER

Da weiß man, was man hat: Was wie ein Clinch zwischen Bernie Ecclestone und Michael Schumacher aussieht, ist in Wirklichkeit ein Geschäft auf Gegenseitigkeit. Eines, von dem auch die Rivalen und Kollegen wie David Coulthard, Mika Häkkinen und Rubens Barrichello profitieren.

Zu dieser späten Stunde ist kein Arzt mehr greifbar, überhaupt niemand mehr, der Englisch spricht. Schumacher wird bei der Siegesfeier alarmiert. Er kümmert sich darum, den Formel-1-Chefarzt Sid Watkins zurück zur Box zu beordern, organisiert den Transport ins beste Krankenhaus, treibt einen Dolmetscher auf. Die Ferrari-Mannen vergessen ihm das nie. Genau wie er keinen Geburtstag und kein Weihnachtsgeschenk vergisst. So haben die Italiener ihren Michele lieben gelernt: als Mannschaftskapitän.

In Maranello haben sie es im Zuge einer Familienzusammenführung geschafft, etwas von der Romantik des Traditionsrennstalls beizubehalten, diese aber dennoch in die Moderne zu übersetzen. Auch wenn jedes Jahr angeblich eine halbe Milliarde dafür ausgegeben wurde (damals rechnete man noch in Mark). »Unsere größte Stärke aber«, ahnt Jean Todt, »ist die Einheit.« Im Ehrgeiz, in der Energie, im Machtbewusstsein und im Können sind die leitenden Angestellten seelenverwandt, Schumacher hat einen festen Platz in dieser Führungsebene. Die Hierarchien sind entsprechend flach. Anders wäre es auch kaum machbar, dass ein Fahrer mit seinen Vorgesetzten tiefe Freundschaften pflegt. Ein Mitspracherecht, wie es der Deutsche bei seinem Team hat, wird sonst keinem anderen Chauffeur in der Formel 1 eingeräumt. Einer für alle: Der Vorsprung der Traditionsmarke in den Konstrukteurs-Weltmeisterschaften macht die Überlegenheit noch deutlicher als der Fahrertitel.

Von seiner »zweiten Familie« spricht Michael Schumacher nicht bloß, um Klischeevorstellungen genügen zu wollen. Seine Hintermannschaft lobt er als »so fantastisch, so menschlich, so hart arbeitend, so entschlossen«. Die für ihn kaum fassbare Dankbarkeit entstammt den ersten gemeinsamen, ziemlich schweren Jahren. »Loyal, aufrichtig und hart in der Arbeit« wiederum lautet die Charakterisierung des Fahrers durch den väterlichen Freund Jean Todt – und der Franzose erkennt sich dabei in vielen Eigenschaften nur zu gern wieder. Selbst wenn es kracht, geschieht das im Gegensatz zu früher hinter verriegelten Türen. Eine geschlossene Gesellschaft auch in diesem Punkt. Was Michael Schumacher von der umstrittenen Stallorder 2002 in Spielberg hält, ist am zum schmalen Strich zusammengepressten Mund abzulesen. Er schweigt, und nimmt die Demütigung vor der Weltpresse auf seine Kappe. Familiensinn in einer Ego-Sportart.

Die italienischen Momente von Mich(a)elangelo beschränken sich neben dem *dolce vita* im Auto auf Fußball und Spaghetti. Radebrechendes Anbiedern wie einst bei deutschen Fußball-Legionären ist nicht das Ding von *il campione*. Er weiß und spürt in der zweiten Hälfte seiner Karriere, dass er nur dort bekommt, was er braucht. Ferrari ist als einziger Rennstall bereit, alles auf einen Mann zuzuschneiden. Zarte Annäherungsversuche seines Ausbildungsbetriebes Mercedes-Benz scheitern schon aus diesem Grund, von der Loyalität gegenüber Todt und Brawn mal ganz abgesehen. Erfolg wollen, Erfolg haben, Erfolg sichern ist so etwas wie der gedachte Ehevertrag dieser Zweckgemeinschaft. Ein flotter Dreier.

Aus der Souveränität heraus werden auch die natürlich nicht ausbleibenden Anfeindungen der fantasievollen südländischen Presse gekontert. Der Deutsche sei doch nur mit dem Geld, nicht mit dem Herzen Italiener, heißt es Ende 1999, als der doppelte Beinbruch alle realen Schumacher-Hoffnungen zunichte macht. Indiz dafür soll sein, dass der Ferrari-Pilot auf der Siegesfeier seines Rivalen Mika Häkkinen aufkreuzte ... Auch ein Ausdruck von Rot-Fieber. Aber Vergessen ist schnell. Fortan malt Schumacher bei jeder Gelegenheit auf dem Siegerpodest, und davon gibt es viele, mit den Fingern ein Herz in die Luft, und das Team zu seinen Füssen rollt auch schon mal die entsprechend geformte Fahne aus. Die Zeitungen notieren lobend: »Wie hat er sich doch verändert ...« Die Leidenschaft scheint nicht mehr nur geborgt. Ob es einem nun passt oder nicht, Gefühle gehören zur Geschäftsgrundlage bei dieser Rennfirma. Auch die internationalen Kritiker schwenken um, als Schumacher die Farben wechselt, und seinen ersten Triumph mit Ferrari einfährt. »Mögen seine ersten Titel in der Formel 1 auch einen bitteren Nachgeschmack hinterlassen haben, sollte man sich die anderen auf der Zunge zergehen lassen«, schreibt das britische Branchenblatt »autosport«. Das unvergleichliche Rot scheint alle einzufärben. Legende zu Legende. Die Vertragsverlängerungen für den deutschen Chauffeur scheinen nur Formsache, die kolportierten Millionen-Beträge rufen eher Ehrfurcht als Neid hervor. Auf der Piste gilt das nicht unbedingt. Als Michael Schumacher bereits Mitte Juli 2002 mit seinem sechsten Saisonsieg seinen (fünften) Weltmeistertitel perfekt macht, in so kurzer Zeit wie sonst niemand zuvor in der Formel-1-Geschichte, wird die daraus entstehende Langeweile ihm und Ferrari angekrei-

Die jahrelange Auseinandersetzung mit dem Silberpfeil von Mika Häkkinen gehört zum Respektvollsten und Spannendsten, was die Formel-1-Spitze seit Jahren erlebt hat. Die Fairness zwischen dem Finnen und dem Kerpener beruht auf einem ganz einfachen Prinzip: Man(n) respektiert sich eben.

7 SEINE GRÖSSTEN RIVALEN

DAMON HILL
JACQUES VILLENEUVE
HEINZ-HARALD FRENTZEN
MIKA HÄKKINEN
JUAN-PABLO MONTOYA
RALF SCHUMACHER
FERNANDO ALONSO

Lange bleibt im Nebel, was beim 13. WM-Lauf 1998 passiert ist. David Coulthard im McLaren wird auf der Ideallinie immer langsamer, Michael Schumacher knallt in voller Fahrt auf den Silberpfeil. Auf drei Rädern schleppt er sich in die Box und will dort dem Gegner an den Kragen: »Wolltest du mich umbringen?« Erst Jahre später entschuldigt sich der Schotte.

det, nicht etwa den ohnmächtigen Gegnern. Der Preis für den Erfolg.

Ferrari ist Aspirin für die Seele Italiens. Ein Rennstall wie eine Religion, ein ewiger Kreisverkehr der Emotionen. Als im Sommer 2001 das Weltmeister-Kunststück vorzeitig wiederholt wird, macht Michael Schumacher über Boxenfunk öffentlich Liebe mit seinem Arbeitgeber. Er brüllt seine Freude und seine Glücksgefühle in der Ehrenrunde über den Boxenfunk heraus: »Ich habe noch nie so viel Menschlichkeit in der Formel 1 erlebt. Ich liebe euch alle!« Ob er wohl heimlich in der Biografie von Enzo Ferrari geblättert hat? An der Werksrennstrecke von Fiorano genießt Schumacher die Ehre, bei Testfahrten residieren zu dürfen. Dort stehen ein Bett und Fitnessgeräte für ihn bereit. Mehr an Wertschätzung geht nicht. Den 1988 verstorbenen Firmengründer und den rasenden Adoptivsohn aus Kerpen würde wohl einiges verbinden. »Jeder Sieg verlängert mein Leben«, hatte Ferrari immer behauptet. Und mit einem Trotz und einer Dickköpfigkeit, wie Schumacher sie bei seinem späten Comeback nach der katastrophalen Saison 2005 auch an den Tag legte, alles für den Erfolg getan. Der Mann mit der Adlernase wusste aber auch: »Der Mensch ist vergänglich, nur seine Werke überleben ihn.« Er glaubte fest daran, dass Autos eine Seele haben. Als Michael Schumacher seinem erfolgreichsten Rennwagen den beinahe zärtlichen Beinamen »Die Göttin« verleiht, muss er Ähnliches spüren wie einst der *commendatore*. Seinen ersten Dienstwagen, den launischen F 310, auch nur halblaut »Die rote Gurke« zu nennen, wäre Schumacher nie in den Sinn gekommen. Das übernahm dann die Boulevard-Presse. Schumacher zeigte auch mit dem unzuverlässigsten aller seiner Ferrari, was sein Mehr-Wert ist. Im Wolkenbruch von Barcelona fährt er den ersten Sieg für die Scuderia ein. Das sind die zündenden Funken für die einmalige Beziehung zwischen Schumacher und Ferrari.

Enzo Ferrari wäre wohl stolz gewesen auf diesen rasenden Enkel

Am Werkseingang von Fiorano steht eine Madonna, der Fremde wundert sich nur, dass sie Weiß ist, und nicht Rot. Die Gläubigkeit von Michael Schumacher und der 600 Mitarbeiter starken *gestione sportiva* von Ferrari basiert auf einer kleinen Firmenbibel, in der die zehn Grundsätze

Zu den Steuermännern im Imperium Schumacher gehört auch Willi Weber, der mit seinem Schützling den rasanten Aufstieg von der Formel 3 in die Formel 1 vollzog. Selbst gern in feinem Zwirn, wurden im Stuttgarter Büro die Verkaufsschlager der Fan-Kollektionen erdacht. Allen voran die Idee mit der roten Kappe, ein Selbstläufer.

des gemeinsamen Tuns festgeschrieben sind. Darin findet sich vieles von dem, was Motivationstrainer andernorts auch verordnen, vom Qualitätsbewusstsein, der Ethik der eigenen Arbeit und dem Teamgedanken.
Das zehnte Gebot aber ist das Wichtigste für den Rennfahrer, es ist schlicht mit dem Begriff »Tempo« überschrieben: »Wir wollen, dass in unseren Gedanken und Handlungen die größtmögliche Härte und Genauigkeit erkennbar wird, und wir wollen unser Tun mit Effizienz und Geschwindigkeit verbinden.«

Schumacher und Ferrari stehlen sogar den Kommunisten in China die Schau

Das gemeinsame Geschäftsprinzip geht auf. 150 000 Chinesen versammelten sich – freiwillig, und nicht etwa auf Geheiß der Kommunistischen Partei – im Sumpfland vor den Toren Shanghais und schwenkten begeistert ihre roten Fähnchen. Viele opferten ihren Monatslohn dafür, um einmal Ferrari und Michael Schumacher zu erleben. Dieser Empfang, der fast überall auf der Welt so war, wo die Formel 1 gastiert, gehört zu den bewegendsten Momenten. Zu dem, was mehr noch als alle Titel bleibt von Schumis Ferrari-Jahren. Alles im Rot.

Simply red: Luca di Montezemolo lässt als Präsident von Ferrari nur wenige andere Größen neben sich strahlen. Michael Schumacher aber schafft es, neben dem Grafen mit dem Benzin im blauen Blut zu glänzen. Beide sind knallharte Rechner und verstehen etwas von ihrem jeweiligen Geschäft.

Auf der Rennstrecke soll man es mit der Brüderlichkeit nicht übertreiben. Dementsprechend haben Michael und Ralf Schumacher während ihrer zehn gemeinsamen Rennjahre selten Rücksicht aufeinander genommen. Der Jüngere stand von den Erfolgen her immer im Schatten, hat sich aber sein eigenes Profil erobert. Wenn es darauf ankommt, ist auf die Familienbande des erfolgreichsten Brüderpaares, das die Formel 1 je hatte, allerdings Verlass.

BOXENSTOP

SIEGEREHRUNG

MIT STATISTIKEN KONNTE MICHAEL SCHUMACHER NIE ETWAS ANFANGEN, DAS WOLLTE ER SICH FÜR DIE ZEIT NACH SEINER KARRIERE AUFHEBEN. DIE ZEIT IST GEKOMMEN. **BITTESCHÖN: SEIN PERSÖNLICHES GESCHICHTSBUCH.**

DER STATISTIKTEIL

BRIDGESTONE
vodafone

1991

Die Sieben auf seinem ersten Formel-1-Auto, einem Jordan-Ford, ist Programm. Siebter Startplatz in Spa-Francorchamps zum Auftakt einer Karriere, die einzigartig wird. Nach ein paar hundert Metern ist Schluss, im nächsten Rennen geht es gleich mit den ersten WM-Punkten für einen fünften Platz in Monza weiter – bei Benetton, gefolgt von zwei sechsten Rängen. Was für ein Einstand! Weltmeister wird Ayrton Senna.

Zwölfter Platz mit vier WM-Punkten

1992

Das Hamstern beginnt im ersten kompletten Formel-1-Jahr: In elf von 16 WM-Läufen kommt Benetton-Ford-Pilot Michael Schumacher in die Punkteränge. Durch den dritten Platz im zweiten Saisonrennen steht er erstmals auf dem Podium. Dritter wird er auch beim ersten Heimspiel in Hockenheim. Es kommt noch besser, als er in Spa seinen ersten Grand-Prix-Sieg feiert. Er wird der beste Formel-1-Einsteiger seit Jackie Stewart.

Dritter Platz mit 53 Punkten

1993

In sieben von 16 Rennen fällt der launische Benetton-Ford aus. Doch es ist etwas anderes, das zählt: In den restlichen neun Großen Preisen steht Michael Schumacher jedes Mal auf dem Treppchen. In Hockenheim wird er Zweiter hinter Alain Prost, bei seinem einzigen Saisonsieg im portugiesischen Estoril kann er den Spieß gegenüber dem Weltmeister umdrehen. Er holt mehr als doppelt so viele Punkte wie Teamkollege Ricardo Patrese.

Vierter Platz mit 52 Punkten

1994

Die ersten fünf WM-Läufe gehen an Michael Schumacher, darunter der »schwarze« Grand Prix von Imola mit dem Tod von Ayrton Senna. Wegen technischer Skandale wird Benetton-Ford für zwei Rennen gesperrt. Deshalb reduziert der Pilot seinen Drei-Jahres-Vertrag um eine Saison. Aber acht Siege reichen, um erster deutscher Formel-1-Weltmeister zu werden, trotz des Crashs im Finale. Damon Hill fehlt am Ende ein Pünktchen.

Weltmeister mit 92 Punkten

1999

Erneut liefern sich Mika Häkkinen und Michael Schumacher einen Zweikampf, nach Siegen steht es vor dem Großen Preis von Großbritannien 3:2. Nach seinem doppelten Beinbruch in Silverstone muss Michael Schumacher sechs Rennen pausieren. In den letzten beiden Grand Prix feiert er mit zwei zweiten Plätzen ein sensationelles Comeback. Teamkollege Eddie Irvine verpasst den WM-Sieg um zwei Punkte, der Titel geht wieder an Häkkinen.

Fünfter Platz mit 44 Punkten

2000

Neues Millennium, neues Glück. Michael Schumacher zeigt mit fünf Siegen in Folge, wie ernst es ihm diesmal mit dem ersten Titel für Ferrari ist. Doch Mika Häkkinen holt auf, geht im Sommer in Führung. Ein wechselnder Schlagabtausch beginnt, die »big points« gelingen Schumacher mit Erfolgen in Monza und Indianapolis. In Suzuka macht er den Triumph vorzeitig perfekt – am Ende liegt Häkkinen 19 Zähler zurück.

Weltmeister mit 108 Punkten

2001

Die 13 wird zur Glückszahl, Michael Schumacher steht bereits beim 13. von 17 Rennen in Budapest als uneinholbarer Titelverteidiger fest. Neun Siege und neun Pole-Positionen deklassieren den Nächstbesten der WM-Wertung, den McLaren-Piloten David Coulthard (65 Punkte). Wie eilig es der Mann und die Mannschaft haben, Renngeschichte zu schreiben, zeigt auch die neuerliche vorzeitige Vertragsverlängerung mit Ferrari bis 2004.

Weltmeister mit 123 Punkten

2002

Es geht immer noch ein bisschen schneller mit der Titelverteidigung. In Magny-Cours feiert Michael Schumacher diesmal bereits im elften Grand Prix das Championat. Ferraris generelle Überlegenheit drückt sich nicht nur in seinen elf ersten Plätzen im Saisonverlauf aus, sondern auch durch den zweiten Platz in der Gesamtwertung von Kollege Rubens Barrichello. Der Platztausch von Spielberg war im Nachhinein völlig unnötig.

Weltmeister mit 144 Punkten

WELTMEISTERTITEL

1. **Michael Schumacher 7**
2. Juan Manuel Fangio 5
3. Alain Prost 4

GRAND-PRIX-SIEGE

1. **Michael Schumacher 91**
2. Alain Prost 51
3. Ayrton Senna 41

WM-PUNKTE

1. **Michael Schumacher 1364**
2. Alain Prost 798,5
3. Ayrton Senna 614

HATTRICKS (POLE-POSITION, SCHNELLSTE RUNDE, SIEG)

1. **Michael Schumacher 22**
2. Jim Clark 11
3. Juan-Manuel Fangio 9

GRAND-PRIX-TEILNAHMEN

1. Riccardo Patrese 256
2. **Michael Schumacher 250**
3. Gerhard Berger 210

PODIUMSPLATZIERUNGEN

1. **Michael Schumacher 154**
2. Alain Prost 106
3. Ayrton Senna 80

RENNEN MIT PUNKTEPLÄTZEN

1. **Michael Schumacher 190**
2. Alain Prost 128
3. David Coulthard 115

FÜHRUNGSKILOMETER

1. **Michael Schumacher 24 093 km**
2. Ayrton Senna 13 328 km
3. Alain Prost 12 484 km

1995

Als damals jüngster Fahrer der WM-Geschichte verteidigt der 26 Jahre alte Schumacher seinen Titel erfolgreich. Mit dem Benetton-Renault fährt er neun Siege ein, darunter die Erfolge bei den Heimspielen in Hockenheim und auf dem Nürburgring. Bereits zwei Rennen vor Saisonschluss steht sein neuerlicher WM-Triumph über Damon Hill fest. Zum Jahresende wechselt er für die Rekordgage von 40 Millionen Mark von Benetton zu Ferrari.

Weltmeister mit 102 Punkten

1996

Drei Siegen mit der Scuderia Ferrari, darunter den im Regenchaos in Barcelona, stehen insgesamt sieben Ausfälle mit dem unzuverlässigen roten Renner entgegen. Trotzdem verlängert Michael Schumacher seinen Vertrag mit dem italienischen Rennstall vorzeitig bis 1999. Für das Prestige wichtig ist die erste Pole-Position mit Ferrari gleich beim ersten Auftritt in Italien. Weltmeister wird Damon Hill mit dem Williams-Renault.

Dritter Platz mit 59 Punkten

1997

Erstmals gibt es zwei Schumacher in der Formel 1, Ralf startet für das Jordan-Team. Im großen Duell der so unterschiedlichen Charaktere triumphiert am Ende Jacques Villeneuve, auch moralisch. Nach der Rammstoß-Affäre gegen den Kanadier beim Finale in Jerez werden Michael die errungenen Punkte und der Vize-Titel nachträglich aberkannt. Die fünf Siege waren damit umsonst, bleiben aber in der persönlichen Statistik.

Vize-Weltmeister mit 78 Punkten (aberkannt)

1998

Ferrari ist auch im dritten Schumi-Jahr konkurrenzfähig, Michael Schumacher liefert sich mit Mika Häkkinen die ersten großen Duelle. In sechs Rennen hat Schumacher die Nase vorn, insgesamt acht Mal der Silberpfeil-Pilot. Doch das Saisonfinale in Suzuka verpatzen Fahrer und Ferrari, der Finne wird mit 100 Punkten zum ersten Mal Weltmeister. Dafür wird Schumachers Vertrag mit der Scuderia vorzeitig bis zum Jahr 2002 verlängert.

Vize-Weltmeister mit 86 Punkten

2003

Ein achter Platz im letzten Rennen reicht Michael Schumacher, um Juan-Manuel Fangio als Rekord-Weltmeister abzulösen. Es ist sein sechster Titel, mit für seine Verhältnisse minimalistischen sechs Einzelsiegen errungen. Kimi Räikkönen im McLaren-Mercedes fehlen am Ende zwei Zähler auf den Champion. Schumacher denkt weiterhin an die Zukunft: Im Sommer verlängert er letztmals seinen Ferrari-Kontrakt bis zum Ende des Rennjahres 2006.

Weltmeister mit 93 Punkten

2004

Auf seinem Lieblingskurs in Spa-Francorchamps reicht Michael Schumacher ein zweiter Rang, um Weltmeister zu werden. Durch 13 Siege in 18 Rennen – wieder ein Weltrekord – erreicht er die höchste Einzelpunktzahl seiner Karriere. Auch Kollege Rubens Barrichello, der auf 114 Punkte kommt, kann ihm nicht wirklich folgen. Es herrscht »Formel Langeweile«, für Ferrari ist es bereits der sechste Konstrukteurstitel in Folge.

Weltmeister mit 148 Punkten

2005

Michael Schumacher wird von Fernando Alonso entthront, dem jüngsten Weltmeister der Geschichte. Kraft des Reifenvorteils hat der Spanier im Renault zum Schluss mehr als doppelt so viele Punkte wie sein WM-Vorgänger. Ein einziger Sieg gelingt dem Deutschen, und der auch nur beim Skandalrennen von Indianapolis mit lediglich sechs Autos. Mit drei zweiten Plätzen sieht er in diesem Frustjahr auch gegen Kimi Räikkönen kein Land.

Dritter Platz mit 62 Punkten

2006

Ein letztes Mal will es Michael Schumacher wissen, und die Konkurrenz weiß spätestens in der zweiten Saisonhälfte, dass der Ferrari-Pilot auch mit 37 noch konkurrenzfähig ist. Aus dem Fernduell mit Fernando Alonso wird ein Nahkampf. Doch die grandiose Aufholjagd findet im vorletzten Rennen in Japan durch einen Motorplatzer ein jähes Ende. Michael Schumacher verabschiedet sich mit sieben Siegen und dem Vize-Titel dennoch würdig.

Vize-Weltmeister mit 121 Punkten

MEISTE SIEGE MIT FERRARI

1. **Michael Schumacher 72**
2. Niki Lauda 15
3. Alberto Ascari 13

MEISTE SIEGE IN EINER SAISON

1. **Michael Schumacher 13 (2004)**
2. **Michael Schumacher 11 (2002)**
3. Nigel Mansell 9 (1992)
   Michael Schumacher 9 (1995, 2000, 2001)

MEISTE SIEGE IN SERIE

1. Alberto Ascari 9 (1952/1953)
2. **Michael Schumacher 7 (2004)**
3. **Michael Schumacher 6 (2000/2001)**

POLE-POSITIONEN

1. **Michael Schumacher 68**
2. Ayrton Senna 65
3. Jim Clark, Alain Prost je 33

STARTS AUS DER ERSTEN REIHE

1. **Michael Schumacher 115**
2. Ayrton Senna 87
3. Alain Prost 86

SCHNELLSTE RENNRUNDEN

1. **Michael Schumacher 76**
2. Alain Prost 41
3. Nigel Mansell 30

MICHAEL SCHUMACHER IM STECKBRIEF

Geboren: 3. Januar 1969 in Hürth-Hermülheim
Wohnort: Vufflens am Genfer See (Schweiz)
Familienstand: Seit 1. August 1995 verheiratet mit Corinna, geborene Betsch
Kinder: Gina-Maria (geboren 1997) und Mick (geboren 1999)
Größe: 1,74 Meter
Gewicht: 68 Kilogramm
Erlernter Beruf: Kfz-Mechaniker

WARM UP

KART & GO

AUS DER KIESGRUBE VON KERPEN-MANHEIM NACH MONTE CARLO. SCHON IN DEN ANFÄNGEN DER SCHWINDELERREGENDEN KARRIERE ZEIGT MICHAEL SCHUMACHER, WAS IN IHM STECKT. TUGEND KOMMT VON JUGEND.

DAS UNTERNEHMEN RENNFAHRER-KARRIERE BEGINNT ALS FAMILIENBETRIEB – MIT BRUDER RALF UND VATER ROLF AUF DER KARTBA

ERSTE HILFE

AUF EIGENE
ROTA

SCHRITT-TEMPO

DER GRUNDAUSBILDUNG IM KART FOLGT ÜBER DIE FORMEL FORD UND DIE FORMEL KÖNIG DER SPRUNG IN DIE FORMEL-3-MEISTERSCHAFT UND IN DEN RENNSTALL VON WILLI WEBER.

East
Michael Schumacher
Auto Bild
Castrol
Castrol

SPORTWAGEN

DIE DEUTSCH-DEUTSCHE BEZIEHUNG ZWISCHEN MERCEDES-BENZ UND DEM JUNIOR MICHAEL SCHUMACHER WÄHRT NUR BIS ZUM ZUVOR FÜNFTER BEI DEN 24 STUNDEN VON LE MANS.

FORMEL-1-EINSTIEG. ZUSAMMEN MIT KARL WENDLINGER UND FRITZ KREUZPOINTNER WIRD ER IM SILBERNEN SPORTPROTOTYPEN

MEHR-WERT-STEUER

RENNFAHREN LIEGT NICHT NUR IM BLUT. SAGEN WIR ES RUHIG, WIE ES IST: DAS RICHTIGE GEFÜHL FÜR DIE SACHE MUSS MAN IM HINTERN HABEN.

Zur Heiligen Kommunion erfüllte sich Michael Schumachers frommster Wunsch: Geld für einen frischen Satz Bridgestone-Pneus. Bis dahin kramte er gelegentlich in den Mülltonnen an der Kart-Rennbahn von Kerpen-Manheim und holte die Reifen heraus, die von reichen Sprösslingen weggeworfen wurden, weil sie ihnen nicht mehr gut genug waren. Ein Heidenspaß, die verwöhnten Gegner dann auf den abgefahrenen Gummis von der Piste zu putzen. Es war das Warm-Up für seine spätere Karriere, diese Mischung aus Ehrgeiz, Trotz, technischem Verständnis und reinem Fahrgefühl.

Und noch etwas lernte er beim Kartfahren, das Jahrzehnte später Ferrari-Technikchef Ross Brawn verblüffen sollte: »Der große Unterschied zwischen Michael und anderen Fahrern ist seine Simultankapazität.« Vorausdenken, einlenken, und dabei gleichzeitig noch die Einstellungen des Rennwagens verändern und dem Funkverkehr lauschen – die Summe aller Eigenschaften, die er seiner Grundausbildung zu verdanken hat. Besonders herausragend erscheint die Fähigkeit, am besten mit wechselnden Bedingungen zurechtzukommen. Und das bezieht sich nicht etwa nur aufs Wetter. Der Schlüssel dazu liegt in der Natürlichkeit, mit der Michael Schumacher den Rennsport erfuhr. Der Vater tummelte sich in der Freizeit als eine Art Platzwart auf der Kerpener Kartbahn. An die Formel 1 erinnerte, ganz fern, nur der Name von Graf Berghe von Trips, der aus dem benachbarten Horrem stammte. Mutter Elisabeth schmiss die Frittenbude an der Piste, und die beiden Söhne wuchsen wie selbstverständlich auf mit Tüfteln, Putzen und Fahren der Rennkarts. Michael konzentriert sich mit einer Ausschließlichkeit auf den Sport, die beinahe an Fanatismus grenzt – und den großen Unterschied zu seinem Bruder Ralf ausmacht. Michael Schumachers Leben wird von nun an zu einem Wettbewerb mit sich selbst. Begleitet von einem für Außenstehende gelegentlich desillusionierend wirkenden Realitätssinn: »Ich träume nicht von der Formel 1. Träumen kann man nur von Dingen, die man sich vorstellen kann.« Der Aufprall kann manchmal hart sein – wie der im zarten Alter von vier gegen einen Laternenpfahl, mit einem Rennkart.

Aus dieser Zeit stammt noch ein prägendes Zitat, das diesem Buch vorangestellt ist: »Rennfahren ist keine Mutprobe und ist kein Kraftakt. Man muss das Gefühl dafür haben, ob das Auto eine bestimmte Situation bewältigen kann oder nicht. Es liegt dann an einem selbst, richtig in die Kurve zu fahren.« Auf engstem Raum, mit der unangenehmen Nähe zum direkten Gegner und aus einer dem Asphalt kaum noch näher zu bringenden Perspektive komprimieren sich Angriffslust, Fahr-

Noch fehlen zwei Räder, aber das Faible für alles Fahrende und die sportliche Herausforderung wird auch bei Klein-Schumi bereits deutlich sichtbar.

In Autos mit einem Dach über dem Kopf fühlt sich Michael Schumacher nur im Straßenverkehr wohl. Sein Auftritt als Gaststarter beim Finale in der Deutschen Tourenwagen-Meisterschaft 1990 erfolgte im Auftrag von Mercedes.

gefühl und Taktik zu einem Gemisch, das später als der berühmte »Schumi-Faktor« in die Renngeschichte eingehen soll. Eine Schule, die Michael Schumacher niemals missen will. Selbst an testfreien Tagen während seiner Ferrari-Jahre rückte er häufig zum Privattraining auf eine Kartbahn am Genfer See aus.

Schnell und gefühlvoll sind viele seiner Kollegen auch, aber die Fähigkeit, sich scheinbar aus dem Nichts heraus immer wieder in den Grenzbereich der Motivation zu katapultieren, ist seine Paradedisziplin. Die aus dem harten Kart-Sitz mitgebrachte Intuition mit der richtigen Information zu koppeln, macht später das Geheimnis seiner jahrelangen Überlegenheit aus.

Zunächst führt ihn der Weg, den viele Talente gehen, über die Formel König (Meister 1988) und die Formel Ford in die Deutsche Formel-3-Meisterschaft. Talent und Schicksal kreuzen die Wege. Justament 1989 sucht Motorsport-Rückkehrer Mercedes-Benz nach hoffnungsvollen deutschsprachigen Piloten für sein Sportwagen-Team. Der Schweizer Statthalter Peter Sauber guckt sich die Rangliste der renommierten Formel 3 an und findet ganz oben die Namen Michael Schumacher, Heinz-Harald Frentzen und Karl Wendlinger. Bei den ersten Testfahrten steht ein fassungsloser Teamchef Sauber an der Boxenmauer, blickt immer wieder von den vorbeirasenden Silberpfeilen auf seine Stoppuhr und zurück. Die Novizen, allen voran Schumacher, sind nicht nur schnell – sie legen ihre Rundenzeiten auch konstant hin. Eine Konstanz, die viele

Schon früh entwickelt sich das, was später als Schumi-Faktor berühmt wird

Grand-Prix-Piloten ihr Leben lang nicht erreichen. Gleiches gilt für den Ehrgeiz: »Ich habe den Anspruch, immer das Beste aus mir herauszuholen.« Die vielen Rennen, die er in der Jugend gefahren hat, werden zu einer Tugend. Und keinesfalls ist er immer nur der Strahlemann gewesen, was eine für die Motivation wichtige Erkenntnis hat reifen lassen: »Wo Sieger sind, gibt es immer Verlierer. Das ist nun einmal sportliche Realität, aber noch längst kein menschliches Werturteil.« Oft genug ist er selbst, von den Anfangsjahren bis zum Ende seiner Ausnahme-Karriere am so simplen Grundsatz des erfolgreichen

Enge Piste, viele Gegner, freistehende Räder am Rennwagen – in der Formel 3 nimmt die Grundausbildung für die Formel 1 schon sehr konkrete Züge an. Michael Schumacher verabschiedet sich mit dem Meistertitel aus der dritten Liga.

Rennfahrerdaseins gescheitert: »Man muss vernünftig sein, und sein Limit kennen.« Aber im Grenzbereich ist das eben so eine Sache – um bis ans Limit zu kommen, muss man auch mal drüber sein. Kein Wunder, dass sich heute viele aus der rasanten Jugend Schumachers finden, die über seine Rücksichtslosigkeit auf der Strecke klagen. Ein Vorwurf, den er als Kompliment nimmt: »Ich freue mich über jeden Zweikampf. Und wenn einer gut war, freue ich mich auf den nächsten.« 1990, gerade war er deutscher Formel-3-Champion geworden, kollidierte er beim prestigeträchtigen Weltfinale in Macau mit Mika Häkkinen – dem Respekt dieser beiden voreinander hat das jedoch nie einen Abbruch getan.

Bei Sauber-Mercedes kommt ihm die Bastelei am Rennkart und die unheimlich schnelle Auffassungsgabe einmal mehr zu pass. In der Sportwagen-Weltmeisterschaft gewinnt er 1990 und 1991 jeweils die beiden Finalrennen, startet auch bei den 24 Stunden von Le Mans. Mercedes wird Steigbügelhalter für die Formel-1-Karriere. Später begegnet man sich nur noch als Gegner, der Traum vom deutsch-deutschen Team scheitert vor allem am Veto von McLaren-Teamchef Ron Dennis, der Schumacher keine Sonderrechte einräumen will.

Rechte, die er sich durch seine sprichwörtliche deutsche Gründlichkeit auf dem Weg nach oben erworben hat. Dass er zu einem sehr technisch orientierten Fahrer wurde, hat nicht unbedingt etwas mit der Lehre als Kfz-Mechaniker zu tun. Der Hang zur Perfektion, das Erahnen eines Vorteils zwang ihn förmlich dazu. Auch als schon etablierter Formel-1-Fahrer wünschte er sich zu Weihnachten von seinem Manager nicht etwa eine schöne Uhr – sondern ein Technikwörterbuch Deutsch-Englisch.

Rennfahrer zu sein, sucht man sich nicht aus. Dieser Beruf sucht sich seine Menschen

Ob der Karriereweg als Anleitung für alle dienen kann, die sich Hoffnungen machen, ist zu bezweifeln. Rennfahrer ist kein Beruf, den man sich aussucht. Dieser Beruf sucht sich seine Menschen aus.

7

SEINE GRÖSSTEN NACHWUCHSERFOLGE

1984/85 KART • **JUNIOREN-MEISTER**
1987 KART • **DEUTSCHER MEISTER**
1987 KART • **EUROPAMEISTER**
1988 FORMEL KÖNIG • **MEISTER**
1988 FORMEL FORD • **VIZE-EUROPAMEISTER**
1990 FORMEL 3 • **MEISTER**
1990 FORMEL 3 • **WELTSIEGER MACAU**

PRIVAT

HIER BEGINNT DIE SPERRZONE. WER DIE VIELEN ANDEREN SEITEN DES PRIVATMANNES HINTER DEM SUPERSTAR KENNENLERNEN WILL, SOLLTE ALLERDINGS UNBEDINGT WEITERBLÄTTERN. IN DER FAMILIE LIEGT DAS GEHEIMNIS SEINER STÄRKE.

GAULT
GALERIE

STADTVERKEHR

DER MENSCH LEBT NICHT NUR VOM BROT ALLEIN – MICHAEL SCHUMACHER PROBT DAS ABBIEGEN VON DER BOXENGASSE AUF DEN BÜRGERSTEIG.

UNO
UNO

EIN HERZ UND EINE SEELE

CORINNA SCHUMACHER IST DER WICHTIGSTE RÜCKHALT IM LEBEN DES REKORD-WELTMEISTERS. SIE HÄLT IHM DEN RÜCKEN FREI.

AUSGLEICHSSPORT

FUSSBALL IST VON DER LEIDENSCHAFT HER DAS, WAS BEI MICHAEL SCHUMACHER GLEICH NACH DER FORMEL 1 KOMMT.

ZUMINDEST DAS RUHIGE HÄNDCHEN HABEN MICHAEL SCHUMACHER UND GOLF-CHAMPION BERNHARD LANGER GEMEINSAM.

HÄNGE-PARTIE

BEIM KLETTERN IN UTAH WIRD KLAR, WAS EINEM RENNFAHRER SONST NOCH SO ALLES VORSCHWEBT.

I DID IT MY WAY

ALS PRIVATMANN SCHLÜPFT MICHAEL SCHUMACHER IN EINE ZWEITE HAUT. ALLES DREHT SICH NUR UM DIE FAMILIE – UND DEN SPORT.

Er tritt aus der schützenden Umgebung des Fahrerlagers, und sein Blick wird konzentrierter als der in den Rückspiegel. Wie ein Scanner checken die Augen von Michael Schumacher, für gewöhnlich hinter einer Sonnenbrille verborgen, die Umgebung ab. Paparazzi-Alarm? Wenn er Feierabend hat, die Formel 1 hinter dem Drehkreuz zurücklässt, dann sucht der Mann seine Heimat. Die kann überall auf der Welt liegen, immer da, wo sich seine Familie gerade aufhält. Den einen Schumi glauben alle zu kennen – aber den anderen?

Sein Privatleben würde Michael Schumacher am liebsten hinter einem Vollvisierhelm verstecken, die Yellow-Press-Geschichten hat er stets seinem Umfeld überlassen: seinem ehemaligen Teamchef Flavio Briatore, dann Manager Willi Weber, schließlich Bruder Ralf und dessen Gattin Cora. Schüchternheit und Geborgenheit würde man angesichts des harten Rennfahrer-Images nicht unbedingt bei ihm vermuten. Aber genau deshalb braucht und sucht er Refugien, in denen er sich fallen lassen kann.

Familienehre, das bedeutet ihm wirklich etwas. Vor allem aber auch die Ruhe der Familie. Die verteidigt er so konsequent wie seine Position auf der Rennstrecke. »Wichtig ist mir, was für mich wichtig ist.« Drei Dinge braucht dieser Mann, um richtig glücklich zu sein: Corinna, Gina-Maria und Mick. Den Ehevertrag unterschrieb er 1994 noch vor dem Kontrakt mit Ferrari. Und die Gattin, die im Stillen erfolgreich eine eigene Karriere als Western-Reiterin verfolgt, ist mehr als nur die Organisatorin des Haushalts, auch wenn sie nur noch bei besonderen Momenten mit zur Rennstrecke kommt. Sie ist in einem gegenseitigen – ebenfalls nicht öffentlichen – Reifeprozess längst zur wichtigsten Beraterin geworden. Seine First Lady. Dass er seinem Manager Willi Weber trotzdem, auch in schwierigen Zeiten, die Treue hält, spricht für Schumachers Loyalität. In der Einschätzung von Situationen muss Corinna Schumacher wertvoller sein als jeder andere Mensch: Sie kennt auch die Sensibilität ihres Mannes und weiß, wie sehr der angebliche Pisten-Rambo ein Sicherheitsmensch ist. Vertrauen ist der Anfang von allem. Es dauert lange, bis Michael Schumacher jemanden an sich heranlässt.

Keine Bilder von den Kindern, obwohl sich Mick – mit tief ins Gesicht gezogener Schumi-Kappe – schon einige Male unerkannt ins Fahrerlager mogeln konnte. Vor allem keine Home-Storys, obwohl das Haus in der Schweiz für alle Freunde offen steht. Für die echten Freunde. Mit denen man reden kann, weil sie schweigen können. Es ist ein kleiner und feiner innerer Zirkel. Geld spielt

Drei Herzen, eine Seele: Ralf und Michael Schumacher vergöttern Mutter Elisabeth. An ihrem Todestag fahren sie ein Formel-1-Rennen, weil sie sicher sind, dass die Mutter es so gewollt hätte.

Kartfahren
DEKRA

Es gibt kaum eine Sportart, die Michael Schumacher nicht ausprobiert hat. Auch wenn es manchmal nur die Sponsoren so wollen, wie beim Polo. Westernreiten hätte ihm sicher viel mehr Vergnügen bereitet.

Mountainbiken ist nicht bloß Spaß, sondern Arbeit. Ein Geheimnis von Schumachers Erfolg ist die ungeheure Fitness, für die er sich mehrere Stunden am Tag quält. Gegen Ende eines Rennens erhält das auch die geistige Beweglichkeit.

da keine Rolle. Aber die Sehnsucht. Darauf, dass er trotz der um die Welt rasenden Formel 1 unter der Woche häufiger Zeit mit seinen Kindern verbringen konnte als andere berufstätige Väter, ist er wirklich stolz. Was Kinder angeht, ist er ein Verrückter. Die Unesco hätte keinen besseren Botschafter finden können, und die 7,5-Millionen-Euro-Spende für Tsunami-Opfer war kein Akt der Großzügigkeit, sondern einer aus Überzeugung.

Wenn er eine Reitstunde von Gina-Maria verfolgt oder mit Mick zum Eishockey geht, ist er der Normalo, der er immer sein wollte. Er gluckst, wenn er zum Spaß beim Schweizer Amateurligisten FC Echichens mitkickt, und ein Gegenspieler feststellt: »Weißt du eigentlich, dass du aussiehst wie Michael Schumacher ...«

Fußball, das ist die ganze Leidenschaft. Vielleicht, weil sich der Champion aus einer Solo-Disziplin nach einem Mannschaftssport sehnt, auch hier wieder nach familiärer Geborgenheit. Schumachers Schatzkammer in seiner Villa umfasst über 100 Paar Kickstiefel, und die Mitgliedschaft im 1. FC Köln verleugnete er auch nach dem zwischenzeitlichen Abstieg des Klubs nicht. Da ist vielleicht Melancholie im Spiel, als kleiner Junge in der Schule hat Michael Schumacher manchmal geflunkert, der deutsche Nationaltorhüter Toni Schumacher sei sein Onkel ... Völlig befreit tritt Michael Schumacher auf dem Fußballfeld an. Egal, ob er gegen deutsche Journalisten, mit der Rennfahrerauswahl »Nationale piloti« oder gegen Weltstars wie Ronaldinho spielte – neben dem Ballgefühl zeigte sich vor allem der unbändige Ehrgeiz. Ganz aus seiner Haut kann ein Mensch eben nie.

Sein zweites Leben beginnt für Michael Schumacher nicht erst nach seinem Rücktritt. Er lebt es längst. Seit jedem Tag zu ganz frühen Formel-1-Zeiten, als er noch glaubte, dass der Zaun ums elterliche Reihenhaus genug Schutz der Privatsphäre bieten würde. Bis eines schönen Sonntags Fans auf der Terrasse standen und sich zur Grillparty einluden. Die Flucht nach Monte Carlo galt damals als obligatorisch für deutsche Stars. Aber unter Steuerparadies versteht ein Schumacher das Cockpit eines Autos, nicht die Cocktails im Hotel de Paris. So richtig wohl fühlen

Wer Michael Schumacher für gefühlskalt hält, der sollte ihn mal mit Kindern erleben

Um Pilot zu sein, braucht man nicht immer einen Rennwagen. Auch als Fallschirmspringer versucht sich Michael Schumacher. So wichtig wie ihm Freundschaften sind, so ausgeprägt ist auch die Freundlichkeit zu Tieren.

konnte er sich im Apartment im Seaside-Plaza nicht. Die Welt um ihn herum war ja noch künstlicher, oberflächlicher als die des Begleittrosses der Formel 1, den er ohnehin im Stillen verachtet haben muss. Und mit dem wachsenden Heim-Zoo, den sich die Tierliebhaberin Corinna zulegte, war es gottseidank eine Platzfrage, die den Umzug in die Schweiz nahe legte. Neutraler Boden, zumal im welschen Teil des Landes, wo selbst deutsche Zeitungen fern sind und berühmte Nachbarn an der Tagesordnung. Gemessen am eigenen Vermögen ist das Haus, in dem die Kinder groß wurden, bescheiden. In Zukunft aber ist es ein richtiges Anwesen, auf dem die Schumachers heimisch werden wollen. Der Neid, der nicht ausbleiben wird, ist ihnen egal. Sie wollen vor allem den Luxus des gemeinsamen Lebens genießen. Und was der Rest der Welt davon hält, hat einfach draußen zu bleiben.

Das ist kein Unterschied zur aktiven Rennfahrerkarriere. Öffentliche Gefühle, das ist – abgesehen vom hochgereckten Daumen und dem Harlekin-Sprung auf dem Podest – eben nicht sein Ding. Immer, wenn es dann doch aus ihm heraus gebrochen ist, war es ihm beinahe peinlich. Wie in Monza 2000, als er Sennas Siegesrekord eingestellt hatte. Wie im September 2001, als er kurz nach den Anschlägen auf New York nicht einfach zur Renntagesordnung übergehen wollte. Wie in Imola 2003, als er in der Nacht am Sterbebett der Mutter in Köln wachte, und anderntags einen Sieg herausfuhr. Was ihn vor allem ärgerte, war die Darstellung seiner Gefühle: »Erst dann hat man mich als Mensch gesehen, sonst nur als Maschine.« Aber Michael Schumacher war schon immer ein Mann mit zwei Gesichtern. Einer, der im Privaten sogar Angst zugeben kann: vor der Fahrt in der Achterbahn beispielsweise.

Privat kann er sogar zugeben, dass er Angst hat – beim Achterbahnfahren

Keine Beschleunigung ohne Entschleunigung. Wenn Michael Schumacher abends an der Theke steht, ist auch das Privatangelegenheit – selbst wenn Journalisten dabei sind. Beim traditionellen Karaoke-Abend im jährlichen Ferrari-Skicamp in Madonna di Campiglio ließ er Frank Sinatra auflegen und die Verstärker hochdrehen: »I did it my way ...«

7 SEINE WICHTIGSTEN MENSCHEN

JEAN TODT • CHEF UND FREUND
WILLI WEBER • ENTDECKER
SABINE KEHM • BERATERIN
HERIBERT FÜNGELING • FREUND
PETER KAISER • FREUND
BALBIR SINGH • SEELEN-MASSEUR
JÜRGEN DILK • FÖRDERER

EHREN

ERST DIE SUMME ALLER MOMENTAUFNAHMEN ERGIBT DIE KARRIERE VON MICHAEL SCHUMACHER. RICHTIG DEUTLICH WIRD DIE DIMENSION ABER ERST, WENN MAN BEIM SCHNELLDURCHLAUF AUCH MAL INNEHÄLT. DANN KOMMT DIE GANZE ÄSTHETIK DER FORMEL 1 ZUR GELTUNG, DAS ZEN DES RENNFAHRENS.

FREIES TRAINING

RUNDE

REVUE PASSIERT

AUCH WENN DIE DIREKTEN NACHFOLGER BEREITS GEFUNDEN SCHEINEN – MICHAEL SCHUMACHERS SPUREN IN DER RENNGESCHICHTE WERDEN SO SCHNELL NICHT VERWISCHEN.

vodafone

DIE HÄNDE ZUM HIMMEL

OB DEUTSCHLAND WEITERHIN ROT WÄHLT? MICHAEL SCHUMACHER HAT JEDENFALLS DAFÜR GESORGT, DASS MAN ALS MOTORSPORTANHÄNGER KEIN SCHLECHTES GEWISSEN MEHR HABEN MUSS.

Deutsche Vermögensberatung
FILA

vodafone

HABE DIE ÄRA

EINMAL MUSS JA SCHLUSS SEIN, DIE MÜTZE MUSS KÜNFTIG ALLEIN ZURECHTKOMMEN. OB DAS KAPITEL MOTORSPORT FÜR MICHAEL SCHUMACHER DAMIT ENDGÜLTIG BEENDET IST, BLEIBT OFFEN.

Puma

WAS WÄRE WENN ...

MICHAEL SCHUMACHER TRITT VOM RÜCKTRITT ZURÜCK UND FÄHRT EINFACH IMMER SO WEITER.

Auch als Rennfahrer in Altersteilzeit kann sich Michael Schumacher nicht von dem Zeitplan lösen, der sein bisheriges Leben bestimmt hat. Sein Wochenende bleibt in Training, Qualifying und Rennen aufgeteilt. Im Prinzip jedenfalls. Nur die Disziplinen haben sich ein bisschen verändert: Garten umgraben, Wagen waschen, im Baumarkt einkaufen. WM-Punkte gibt es dafür auch keine, höchstens welche auf der Payback-Karte.

Das kann es doch nicht sein, so wird er das Kribbeln im Gasfuß nie los. Der Mann braucht einfach Pedale. Ein Klavier ist keine wirkliche Alternative, er tut sich beim Spielen mit den feuerfesten Handschuhen immer so schwer. Und selbst im spartanischen Ferrari-Cockpit lassen sich die Dinge immer noch angenehmer als auf dem Drehschemel vor dem Flügel aussitzen.

Es gibt, bei all seinen Rekorden in der Formel 1, schließlich immer noch Unvollendetes. Warum eigentlich Juan-Manuel Fangio den Titel des Alters-Weltmeisters kampflos überlassen? Der Argentinier war bei seinem letzten Championat 46 Jahre und 41 Tage alt. Bis ins Jahr 2015, wenn Schumi ihn in der Methusalem-Wertung ablösen könnte, ist es doch wirklich nicht mehr so weit. Schließlich hat er als Kfz-Lehrling bei VW doch schon gelernt: und läuft, und läuft, und läuft.

Und wenn das noch nicht Motivation genug fürs Weiterfahren sein sollte: Der Italiener Luigi Fagioli hält immer noch die Bestmarke als ältester Grand-Prix-Sieger: Er war 1951 bei seinem Erfolg in Frankreich 53. Das wären auch lediglich noch 16 Jahre, die Schumacher durchhalten müsste. Also bloß noch so lange, wie die bisherige Karriere gedauert hat. Wo soll da das Problem liegen?

Wenn bis dahin nichts mit der Kindererziehung schiefgeht, könnte er in knapp anderthalb Jahrzehnten dann auch noch Rennen gegen seinen Sohn Mick fahren – die vornehmste Art für einen Schumacher, den Generationskonflikt zu lösen. Als reine Familienangelegenheit. Vater und Sohn in einem Grand Prix, vielleicht sogar in einem Team – eine einmalige Vorstellung.

Mensch, Schumi: Überleg doch mal!

Bibliografische Information der Deutschen Nationalbibliothek
Die Deutsche Nationalbibliothek verzeichnet diese Publikation in der Deutschen Nationalbibliografie; detaillierte bibliografische Daten sind im Internet über »http://dnb.d-nb.de« abrufbar.

1. Auflage
ISBN 978-3-7688-1899-5

Idee: Ferdi Kräling
Konzeption: Edwin Baaske
Projektleitung: Joachim Fischer
Text: Elmar Brümmer
Fotos: Ferdi und Bodo Kräling sowie Andreas Bell, Lucas Gorys, Georg Hennecke, Thomas Suer, Stefan Warter, Wolfgang Wilhelm
Layout: Jörg Weusthoff, Weusthoff Noël, Hamburg
Reproduktionen: Format 5, K2Konzept, Hamburg
Druck: J. P. Himmer GmbH & Co. KG, Augsburg
Printed in Germany 2007

Delius Klasing Verlag,
Siekerwall 21, D - 33602 Bielefeld
Tel.: 0521/559-0, Fax: 0521/559-115
E-Mail: info@delius-klasing.de
www.delius-klasing.de

Marlboro
vodafone
Bridgestone
FILA

Marlboro